北京市社会科学基金项目成果

中国传统教师文化的变迁与价值

ZHONGGUO CHUANTONG JIAOSHI WENHUA DE BIANQIAN YU JIAZHI

杜钢 著

河北大学出版社·保定

中国传统教师文化的变迁与价值

ZHONGGUO CHUANTONG
JIAOSHI WENHUA DE BIANQIAN YU JIAZHI

出 版 人：耿金龙
责任编辑：王殊宁
装帧设计：杨艳霞
责任校对：杜启昌
责任印制：靳云飞

图书在版编目（CIP）数据

中国传统教师文化的变迁与价值 / 杜钢著. -- 保定：河北大学出版社，2019.12
ISBN 978-7-5666-1577-0

Ⅰ. ①中… Ⅱ. ①杜… Ⅲ. ①教师－文化研究－中国
Ⅳ. ①G451.6

中国版本图书馆 CIP 数据核字 (2019) 第 265262 号

出版发行：河北大学出版社
地址：河北省保定市七一东路 2666 号 邮编：071000
电话：0312-5073033 0312-5073029
邮箱：hbdxcbs818@163.com 网址：www.hbdxcbs.com
经 销：全国新华书店
印 刷：保定市北方胶印有限公司
幅面尺寸：170 mm × 240 mm
印 张：8.5
字 数：152 千字
版 次：2019 年 12 月第 1 版
印 次：2019 年 12 月第 1 次印刷
书 号：ISBN 978-7-5666-1577-0
定 价：29.00 元

目 录

前　言

中国传统教师文化本质上是中国传统文化的重要组成部分。其所具备的基本特质，乃是由中国传统文化这个母体所赋予的。而这些基本特质，伴随着中国传统教师文化数千年的历史发展进程，既保持着一以贯之地延续，亦发生着与时俱变地更新。克实而论，那些能够在中国传统教师文化数千年的历史变迁中，当得上永恒不变特质的，唯在“尊重”二字。这“尊重”二字可谓是我们解读中国传统教师文化本质精神与发展规律的枢要所在。而我们亦通常将此“尊重”二字所代表的核心旨趣约定俗成地表达为“师道尊严”或“尊师重道”。

在中国传统教师文化的起源与早期发展时代，那些能够践行内圣外王之道的圣王师们，诸如三皇五帝以及禹、汤、文、武、周公等，成为获得人们“尊重”的典型教师形象。某种程度上，他们所塑造的圣王师的教师形象，确是带有某些理想化的色彩和成分在。但毋庸置疑的是，人们之所以“尊重”他们，乃是从他们所塑造的这种独特教师形象身上，看到了内圣外王之道在现实之中能够真正得以实现的强大可行性与可能性，而这种可行性与可能性也成为后世教师文化价值取向上一个基本诉求所在。即便是到了以孔子所塑造的圣人师式教师形象为核心代表的中国传统教师文化发展的范型确立时期，师者们对理想化的圣王师式教师形象的向往和追求，依然不乏其例。孔子便是其中最为典型的一例，但他终究未获成功。但孔子也因其圣王师理想的失败，反倒在圣人师式教师形象的塑造这一新方向上，确立了新的理想化教师形象的标准和尺度。这也为孔子之后的师者们提供了更加切实可行的实现教师理想的路径与方式，而遵行这种路径和方式之下的师者，依然可以赢得足够的“尊重”。我们也可以说，至此，“尊重”二字所能代表和反映的中国传统教师文化的本质精神与发展规律方才得以显露全貌。作为传统教师文化情境下的师者，其之所以能够获得大众的和历史的“尊重”，根本上是因其努力做到如孔子的教师形象所示现的那样，为了实现内圣外王的理想不断作为，乃至“知其不可为而为之”，直至死而后已的师道信念和精神。

秦汉大一统时期，无论是在“以法独尊”还是“以儒独尊”的传统教师文化变革影响之下，先秦时期所确立下来的“尊师重道”的师道信念和精神依然在发挥着强大的影响力。汉代“人师”文化现象的张扬，便是这种影响力持续发挥作用的必然结果表现。而从魏晋六朝教师文化的没落直至隋唐教师文化的重振，本质上则亦可视作是“尊师重道”的师道信念与精神的阶段性丧失与复归。

宋元明清时期的中国传统教师文化变迁，受到了理学、科举与书院的深刻影响。从某种程度上而言，来自于这三方面的影响，主要是在思想、制度与实践文化等角度上推动或阻碍了此一时期传统教师文化的发展进程。若从宋明理学大儒们所塑造的圣贤式教师形象上来考察，理学作为一种思想文化形态，无疑是对传统教师文化的变革起到了积极的正面影响的。而科举作为一种制度文化形态，其所产生的更引人关注的影响，则主要集中在对“尊师重道”的教师文化传统的负向消解方面了。书院作为承载儒家士人们践行儒道的绝佳实践场所，更加有助于促进师者从学术创新、教育改造和政治参与等方面彰显师道信念和精神的本色和全貌。总体上看，在理学、科举与书院的共同深刻影响下，中国传统教师文化在宋元明清时期的发展更多地是体现出“返本开新”的鲜明特色，既向先秦时期的师道本源全力返归，又适应时代的变革趋势，努力开拓发展新路。

整体而言，中国传统教师文化主要是由师道、师德与师能文化所构成的。其中，师道文化为核心成分，师德文化为基础成分，师能文化则为关键成分。而传统教师文化的当代价值发掘也主要是基于这三个方面展开的。在新时代的背景下，传统尊师重道的教师文化价值取向与当下尊师重教的教师文化价值取向之间乃是传承与创新的有机融通关系，前者所追求的实现王道理想的目标与后者所致力实现国家强盛、民族复兴和人类发展的目标之间乃是一脉相承，与时俱新的。传统师德在本质意涵上体现出全摄性、实化性、通达性、谦和性与新成性等特征，而其在对当下教师具备高尚师德基础上的促进立德树人根本任务的落实方面是具有独特价值可资发掘和利用的。能者为师的传统师能文化具体要求师者要具备成己与育人、授知与启智、专攻与贯通等三对相辅相成的能力，而这与当下以人为本的全专业属性定位下的教师专业能力发展模式是相合相通的，前者对于后者的价值也是足以值得重视和开掘的。

第一章　中国传统教师文化的起源、早期发展与范型确立

第一节　文化、教师文化与中国传统教师文化

何为中国传统教师文化？对此问题的解答乃是我们对中国传统教师文化的变迁与价值问题加以研究的逻辑基点所在。文化、教师文化与中国传统教师文化这三个概念与命题之间所构成的是一种层次分明、逐层包含的序列关系。其中，文化居于外层，教师文化居于中层，中国传统教师文化则居于内层。因此，就三者之间所具有的这样一种序列关系而言，对中国传统教师文化这个内层概念与命题的探讨和解读，首先需要涉及对文化与教师文化这两个外层和中层概念和命题的梳理与解析。

泰勒（Edward Tylor）曾对文化下过一个经典的定义，他指出：“文化，或文明，就其广泛的民族学意义来说，是包括全部的知识、信仰、艺术、道德、法律、风俗以及作为社会成员的人所掌握和接受的任何其他的才能和习惯的复合体。”① 泰勒的文化定义其实是点明了文化所具有的民族性、包容性

① ［英］爱德华·泰勒著，连树声译. 原始文化：神话、哲学、宗教、语言、艺术和习俗发展之研究［M］. 桂林：广西师范大学出版社，2005. 1.

和社会性等特性。关于何为文化，马林诺夫斯基（Bronislaw Malinowski）则认为："文化是指那一群传统的器物，货品，技术，思想，习惯及价值而言的，这概念实包容着及调节着一切社会科学。"① 显见，马林诺夫斯基对文化的界定，则是侧重于凸显其传统性、包容性和社会性的。伊格尔顿（Terry Eagleton）在其所下的文化定义中则强调："文化不仅是我们赖以生活的一切，在很大程度上，它还是我们为之生活的一切。感情、关系、记忆、亲情、地位、社群、情感满足、智力享乐、一种终极意义感，所有这些都比人权宪章或贸易协定离我们大多数人更近。"② 伊格尔顿在这里对文化的物质性和精神性进行了区分，而其更看重文化的精神性。钱穆在其《文化学大义》一书中也对文化给出了自己的定义，他提出："文化是指的'时空凝合的某一大群的生活之各部门、各方面的整一全体'。"③ 钱穆的文化定义主要是对文化的时空性、社群性与整体性等进行了阐明。梁启超在文化的界定上亦有着精深细密的阐发，他主张："文化者，人类心能所开积出来之有价值的共业也。……人类有创造、模仿两种'心能'，都是本着他的自由意志，不断的自动互发。因以'开拓'其所欲得之价值，而'积厚'其所已得之价值。随开随积，随积随开，于是文化系统以成。……文化是人类以自由意志选定价值，凭自己的心能开积出来，以进到自己所想站的地位。既如前述，价值选定，当然要包含物质精神两面。人类欲望最低限度，至少也想到'利用厚生'。为满足这类欲望，所以要求物质的文化，如衣食住及其它工具等之进步。但欲望决不是如此简单便了，人类还要求秩序，求愉乐，求安慰，求拓大。为满足这类欲望，所以要求精神的文化，如言语、伦理、政治、学术、美感、宗教等。这

① ［英］马林诺夫斯基著，费孝通等译. 文化论［M］. 北京：中国民间文艺出版社，1987. 2.

② ［英］特瑞·伊格尔顿著，方杰译. 文化的观念［M］. 南京：南京大学出版社，2003. 151.

③ 钱穆著. 文化学大义：钱宾四先生全集（第 37 册）［M］. 台北：联经出版事业公司，1998. 6.

两部分拢合起来，便是文化的总量。”① 梁启超的文化定义的得出，有着清晰宛然的逻辑理路。在他看来，人类文化系统得以形成的渊薮，在于以自由意志为本源的创造与模仿等心能，而在人类物质与精神等欲望的驱动下，此等心能便不断开拓和积淀出对人类有所价值的“共业”，而此种“共业”，即为文化。由此不难发现，梁启超的文化定义所凸显的主要是文化的意志性与价值性等特性。此外，黄文山对于文化的界定，也可为我们带来有益启迪。他认为：“文化包含两个状态，一是内部的，二是外部的。内部的领域，包括价值、观念、感觉、意义、思想等等，为简单起见，亦可称为‘文化的心态’(cultural mentality)。外部的领域则由非有机的和有机的现象，如物体、事素、历程等等所构成，没有外部状态，则内部经验无由表现。但二者相较，内部状态比外部重要，因为内部状态可以决定外部的现象，并且使外部现象在某种意义与范围内成为体系的一部分。文化的内部价值与意义之重要，最易理解。孔家的论语，耶教的圣经，如果利用现代进步的印刷术，自然可以把它们装潢成在形式上与颜色上完全一模一样的书本，但二者的内部之价值与意义却有天渊的分别。贝多芬（Beethoven）的音乐，拉斐尔（Raphael）的绘画，哥特式（Gothic）的建筑，自一般动物看来，纯然是无机的物体，它们听着美妙的音乐，看见富丽的建筑与悦目的图画，也许发生‘制约的反应’，但它们究竟无从理解其价值与意义于万一。北平团城的玉佛，西安的大秦景教流行中国碑，如果把它们的内容之宗教价值与意义一一制除，则其所剩下的只是自然界的物质，与其他同类物质原无大异。由此可见文化的内部价值与意义如何重要。”② 黄文山将文化分为内外两种状态，内部状态类似于

① 梁启超. 什么是文化［A］. 冯志阳编. 梁启超讲文化［C］. 天津：天津古籍出版社，2005. 133，139.

② 黄文山. 文化学的方法［A］. 庄锡昌，顾晓鸣，顾云深等编. 多维视野中的文化理论［C］. 杭州：浙江人民出版社，1987. 23.

精神状态，外部状态类似于物质状态，两者相较，内部状态更加具有根本性和决定性。因此，黄文山实质上所强调的，乃是由文化的内部价值和意义所体现的文化的本质规定性。

克实而论，若要对文化这一概念和命题做出清晰明确的界定和说明，确非易事一桩。这首先需要厘清几对关乎文化本质规定性的主要属性组合之间的辩证关系，比如，文化的民族性与世界性、传统性与现代性、物质性与精神性、时间性与空间性、个体性与整体性、工具性与价值性、内在性与外在性以及具体性与抽象性之间的辩证关系等。其次，归根结底，文化本质规定性的核心构造乃在于其内在精神特质，而这一内在精神特质则主要又是由文化意识、情感、态度与价值观等基本元素所构成的。因此，我们可以把文化理解为是一种融凝了如上诸多辩证属性关系组合为一体的统合性存在，而文化的本质规定性则主要又是由文化意识、情感、态度与价值观等基本元素所构成的内在精神特质所决定的。

教师文化是介于文化与中国传统教师文化这两个外层与内层概念与命题之间的中层概念与命题，对其定义的解读，乃是我们从对文化定义的梳理和解析出发，并最终去探明中国传统教师文化之意涵与特质的必经中枢环节。

20 世纪 70 年代，美国芝加哥大学教授劳蒂（Lortie）的《学校教师的社会学研究》（School Teacher：A Sociological Study）（1975）一书出版，这是从社会学角度对教师文化进行全面深入研究的首次尝试。在该书中，劳蒂主要运用问卷调查、观察和深度访谈等方法，对美国五个镇的学校教师进行了研究。劳蒂在研究中指出，教师文化是教师在职业生活中所形成的特有的意识和情感，教师文化具有典型的个人主义特征。他认为，这一个人主义的教师文化的形成，是与教师的年龄、性别、婚姻、薪酬、职位等因素紧密相关的，而集体主义的教师文化则在这一个人主义的教师文化冲击之下，难以有效形成。劳蒂的这一研究使得研究者们对教师文化中的教师意识、情感和人际关系等因素的关注度大大提高，从而为教师专业发展研究提供了教师文化向度上的新视角。① 20世纪90年代以来，以美国波士顿学院教授哈格里夫斯（Hargreaves）为代表的研究者们在劳蒂所做研究的基础上又开辟了教师文化研究的新境地。哈格里夫斯从个人主义文化、分化文化、合作文化与非自然合作文化等角度，对教师文化的内涵进行了全新解读。他认为，个人主义的和分化的教师文化依然在学校教师文化中占据着主导地位，而合作的教师文化则是理想的教师文化的主要诉求所在，而非自然合作的教师文化则是一种硬造和人为勉强的合作，实质上是与合作的教师文化背道而驰的。② 如果说，劳蒂的教师文化研究是立足于现代社会背景展开的话，那么哈格里夫斯则是更着眼于后现代社会的时代情境来进行教师文化探究的。哈格里夫斯认为，在一个缺少严格界定的变动不居的后现代社会中，教师文化的应时变革乃是在所难免的。基于此，他提出了构建“流动的马赛克”教师文化模式的独特主张。在哈格里夫斯看来，这种教师文化模式具有合作边界模糊不定的特质，教师、学校、社区乃至全社会之间也因此而能够实现更好的融通，这也赋予了教师和学校以更强的灵活性和适应性，从而对瞬息万变的后现代社会达成更加有效的回应。③ 此外，诸如教师技术文化和教师研究文化等也成为当下教师文化研究者们所密切关注的课题。埃特默尔（Ertmer）与奥滕比特-莱夫特威克（Ottenbreit-Leftwich）在其关于教师技术文化的研究中指出，教师能否将技术作为一种有效工具应用于教学，是与教师的知识、自我效能、教学信

---

① Dan C. Lortie（1975）. School Teacher：A Sociological Study. Chicago：The University of Chicago Press.

② Hargreaves，A（1992）. Cultures of Teaching：A Focus for Change. In Andy Hargreaves & Michael Fullan（Eds.）. Understanding Teacher Development. London：Cassell & Teachers College Press.

③ Hargreaves，A（1994）. Changing teachers，changing times：teachers' work and culture in the postmodern age. London：Cassell & Teachers College Press.

念、学科及学校文化的变革息息相关的。在以实现学生发展为中心的教学中，教师需要更好地了解如何使用技术来实现这一目标。对于教师的职前培养而言，技术乃是教师良好教学形象的一个必要的程序化的组成部分。埃特默尔与奥滕比特-莱夫特威克认为，技术可以用来支持教学模式的崭新定义，给予教师基于技术相关性的专业发展目标设置，对于教师的专业发展是至关重要的，没有技术资源的合理运用，对于实现学生的有效发展来说就将是困难重重的，将技术有机地整合进教学过程之中，对于实现教师的创新性专业发展而言，将是具有里程碑意义的。① 当代社会是一个高度信息化和技术化的社会，努力探明网络信息技术与高新科技变革对教师专业发展的深刻影响，进而有效构建教师文化的技术范型和样态，也已成为当前教师文化研究的重点课题所在。希尔（Hill）与海格（Haigh）认为，对教师研究文化的关注，乃是来源于教师的教学与专业发展与教师研究之间的必要关联，教师研究文化的变革涉及其所获得支持的种类和策略的讨论，但更重要的是教师思想和精神的转变，而这一转变可以通过一种基于社区实践研究的方式来渐次完成。②可以说，伴随着教师专业化研究进程的不断深化，对以实践为取向的研究反思型教师文化的关注，已成为当下教师文化研究的一种重要趋势。

综合如上诸种有关教师文化的定义，我们可以清楚地看到，当下所主要流行的教师文化定义，实质上均是指向现代社会乃至后现代社会意向上的教师文化规定性的，其所关涉的其实是作为一种现代专业化的教师职业定位下的教师文化属性。可以说，这一意向上的教师文化定义，是基于现代教师的

---

① Peggy A. Ertmer & Anne T. Ottenbreit-Leftwich（2010）. Teacher Technology Change：How Knowledge，Confidence，Beliefs，and Culture Intersect. Journal of Research on Technology in Education，Vol 42. No. 3.

② Mary F. Hill & Mavis A. Haigh（2012）. Creating a culture of research in teacher education：learning research within communities of practice. Studies in Higher Education，Vol. 37，No. 8.

专门职业角色立场对普遍意义上的文化意涵的一种独特展示。而在诉诸教师的文化意识、情感、态度与价值观等内在精神特质方面，教师文化与文化以及中国传统教师文化这三个概念和命题之间则依然是具有内在相通性的，但同时，三者之间基于各自在相互关系序列中所处层面以及所立足角度不同而产生的相异性则也是必然存在的。

在对文化与教师文化这两个外层和中层概念与命题的定义进行了详密梳理和解读的基础上，接下来，我们将对居于三者关系层次之内层的中国传统教师文化的意涵与特质展开直接深入的解析。毫无疑问，在这一探究过程中，除了借助对文化与教师文化这两个概念与命题的定义所做分析而带来的必要启示与支撑之外，我们还应以中国传统文化这样的对中国传统教师文化的意涵与特质起着根源性影响与直接塑造作用的概念与命题来作为基本的落足点和着眼点。

无论是对中国传统文化还是对中国传统教师文化的解读，都首先会涉及一个共同的关键词——传统。因此，在对中国传统文化与中国传统教师文化的意涵和特质进行深入解读之前，厘清传统究竟为何，乃是一项必要的前提性工作。关于何为传统，希尔斯（Edward Shils）在其《论传统》一书中指出："几乎任何实质性内容都能够成为传统。人类所成就的所有精神范型，所有的信仰或思维范型，所有已形成的社会关系范型，所有的技术惯例，以及所有的物质制品或自然物质，在延传过程中，都可以成为延传对象，成为传统。"① 显见，希尔斯对于传统的界定，是与文化之间存在着密不可分关联的，他所强调的可以成为传统的主体和对象，其实也就是文化所含摄的一系列内容，而这些文化内容之所以能够成为传统，则是在于其必须要经过持久相续的历史磨砺，并能够得以延传不息。那么，我们又当如何对待传统？传统的

① ［美］E. 希尔斯著，傅铿，吕乐译. 论传统［M］. 上海：上海人民出版社，1991. 21，440-441.

价值又何在呢？对此，希尔斯也表达了清晰而明确的主张："我们对待传统应该相当慎重，传统不应仅仅被当作是障碍或不可避免的情况。抛弃传统应该看成是新事业的一种代价；保留传统则应算作是新事业的一种收益。这种代价——收益分析并不总是可以应用的，除非只是非常笼统地。我希望着重指出，传统应该被当作是有价值生活的必要构成部分。在现代，人们提出了一种把传统当作社会进步发展之累赘的学说，这是一种具有重大历史意义的错误。如此断言是对真理的一种歪曲，认为人类可以没有传统而生存，或只消仅仅按照眼前利益、一时冲动、即兴理智和最新的科学知识而生存，同样是对真理的歪曲。不管这种错误的动机多么高尚，也无论这种错误如何有助于带来什么样的利益，它毕竟是错误的。"① 在希尔斯看来，人们对待传统应当慎之又慎，尤其是不能习以为常地将传统视作现代社会发展的负累和障碍。他强调，传统事实上是推动新事业发展的必要营养成分，同时传统也是新社会进步的必然组成部分。而倘若执拗地对传统抱有敌意，并因此漠视乃至无视传统的价值，则势必会有损真理的合法性与正当性，并因此而丧失社会发展的长远利益。此外，韦政通先生关于传统的论析也是颇具启发性的，他认为："传统是我们成为文化人的主要依据，每个人都借着传统在社会里成长。……所以传统对人不可能没有意义，它是人类赖以生存和追求理想的工具，传统究竟是导致社会的进步抑或是退化，完全靠人自己。我们最大的问题不在于传统，而在于没有把创造力充分激发出来。"② 韦先生关于传统论析的深刻启迪之处即在于，他在肯定了传统所具正面价值的同时，又思路一转抛出冷静的提示强调，人们不应一味地固执传统有何优劣的问题，而更应反思自身对待和驾驭传统的方式和能力上是否存在失误和不足，而后者才是应

① ［美］E. 希尔斯著，傅铿，吕乐译. 论传统［M］. 上海：上海人民出版社，1991. 21，440-441.

② 韦政通著. 伦理思想的突破［M］. 北京：中国人民大学出版社，2005. 4-5.

对传统问题的正确途径。这也提醒我们，在面对中国传统教师文化的相关问题时，应有效避免惯性地敌视与抗斥，而努力激发出人的创造力与活力才是问题能够真正得以解决的关键所在。

基于对传统问题所做的如上解读，便可进而探析中国传统文化与中国传统教师文化的意涵与特质。从某种程度上而言，中国传统文化可视作是中国传统教师文化的母体系统，后者的意涵与特质乃是由前者所生发和赋予的，脱离开对中国传统文化的本质状况及其对中国传统教师文化所具根源性影响的透彻理解和把握，也便很难探明中国传统教师文化的真貌。

关于中国传统文化的基本特质，徐复观先生的见解是颇中肯綮的，他指出："中国文化，既不是以神为中心而展开的，也不是以自然为中心而展开的，很早便是以人的自身为中心而完成其发展；因此，中国文化，似乎不妨称为人文主义的文化。……一般人说，希腊哲学，发生于对自然的惊异；各种宗教，发生于对天灾人祸的恐怖；而中国文化，则发生于对人生责任感的'忧患'。忧患并不同于恐怖。恐怖常将人之自身，投掷于外在地不可知的力量（神）；忧患则常要求以自身的力量，掌握自己的命运。忧患的本身，即是'人的自觉'的最初表现。"① 徐先生认为，中国文化在其发生根源上便是与其他文化存在本质不同的，中国文化的发生与演进所依循的基本轨则既不是自然本位的，也不是宗教本位的，而是人文本位的，而致力于人的自我觉醒和完成也始终便是中国文化发展变迁的核心特质所在，归根结底，中国文化应是一种人文主义的文化。因此，基于这样一种对中国传统文化的母体性特质的明确认知，我们则首先可从发生根源上把中国传统教师文化界定为一种以人文主义为本质规定性的独特教师文化。除了具有以人文为本位和中心的基本特质之外，中国传统文化还具有以道德为本位和中心的基本特质。季羡林

---

① 徐复观著. 中国人的生命精神［M］. 上海：华东师范大学出版社，2004. 174.

先生曾讲道："中国传统道德是中国传统文化当中最精华的内容，它在世界人类文明遗产中的特殊性非常之明显。为什么要这么说呢？因为世界上任何国家，从古希腊一直到古印度，尽管每个国家都有自己的道德规范，每个民族都有自己的道德规范，可是内容这么全面、年代这么久远、涉及面这么广泛的道德规范，在全世界来看，中国是唯一的。"① 季先生将中国传统道德视作是中国传统文化最为精华的组成部分，并认为中国传统道德所具有的全面性、久远性和广泛性在世界文化体系中亦是绝无仅有的，也正因此，中国传统道德所代表的中国传统文化在世界文化之林中也是独一无二的。从这一重意蕴出发，我们也应将中国传统教师文化界定为是以道德为本位和中心的。此外，何兆武先生曾言："没有本民族个性的文化，就没有资格跻身于世界文化之林。世界文化之成其为世界的，就在于每个民族各以其自己民族独特的创造而贡献于世界，从而充实并繁荣了世界文化的整体。没有独特的个体文化，集体的文化就是一个空洞的名词。文化的共性就存在于文化的个性之中。"② 实质上，对中国这样有着异常悠久历史文化传统且之从未出现过断流的文明古国和大国而言，必定是有一套独具风格而又深蕴活力的民族文化发展模式、路径与系统的。因而，对中国传统文化与中国传统教师文化意涵与特质的解读，亦是要对其民族文化传承中的个性与独创性问题予以充分重视的。综合上述种种论说，我们可对中国传统教师文化做出如下界定，即：以中国传统文化为母体，以人文道德为核心，具有悠久历史传承、独特民族个性以及深厚创新力量的一种教师文化型态。

---

① 季羡林著．季羡林生命沉思录［M］．北京：国际文化出版公司，2008．134．

② 何兆武著．文化漫谈［M］．北京：中国人民大学出版社，2004．177．

第二节　中国传统教师文化的起源与早期发展

中国传统教师文化起源于中国历史文化的滥觞之时，这一时间节点，至少可以上溯到距今约 5000 年前的三皇五帝时代。而继三皇五帝时代后起的夏、商、西周三代时期，则是中国传统教师文化早期发展的基本阶段。

意大利来华耶稣会士卫匡国（Martinus Martini）于 1658 年在慕尼黑出版了欧洲第一部全面系统地介绍中国历史的编年体著作《中国上古史》，该书“按照历史发展的顺序，将始自上古而迄断于西汉末年的中国历史划分为十章，第一章叙述的内容是中国远古的神话传说，及伏羲、神农、黄帝、少昊、颛顼、喾、尧、舜等八代帝王的故事。余下的章节，缕述了夏商周秦以及西汉的历史。……卫匡国在书中确认，自伏羲这中国第一位皇帝于公元前 2952 年即位以后，中国有了从未间断的可信的历史。”① 卫匡国关于三皇五帝活动时间的观点在西方影响甚广，如果说中国确有五千年文明史的话，那么，卫氏此说则堪称是西方学界就此问题做出的首次正面论定。当然，关于这个问题，中外学界的意见也并非是完全统一的。例如，中国学者黎东方关于三皇五帝具体活动时间的说法即与卫匡国有所不同，他认为，三皇距今约一万年，五帝距今则约六七千年。② 这又把卫匡国所考证的最早时间节点提前了约一倍。但不管中外学界在三皇五帝确切活动时间上的意见如何纷纭，将三皇五帝这一历史时期定位为中国传统教师文化的起源期，则是较为适切的。据《白虎通义·卷一·号》所载：“三皇者，何谓也？谓伏羲、神农、燧人也。或曰伏羲、神农、祝融也。《礼》曰：‘伏羲、神农、祝融，三皇也。’谓之伏

① 沈定平. 论卫匡国在中西文化交流史上的地位与作用［J］. 中国社会科学，1995（03）：182-183.

② 黎东方著. 中国上古史八论［M］. 台北：中国文化大学出版部，1983. 4.

羲者何。古之时未有三纲、六纪，民人但知其母，不知其父，能覆前而不能覆后，卧之法法，起之吁吁，饥即求食，饱即弃余，茹毛饮血而衣皮苇。于是伏羲仰观象于天，俯察法于地，因夫妇正五行，始定人道，画八卦以治下。治下伏而化之，故谓之伏羲也。谓之神农何？古之人民，皆食禽兽肉，至于神农，人民众多，禽兽不足。于是神农因天之时，分地之利，制耒耜，教民农作。神而化之，使民宜之，故谓之神农也。谓之燧人何？钻木燧取火，教民熟食，养人利性，避臭去毒，谓之燧人也。谓之祝融何？祝者，属也；融者，续也。言能属续三皇之道而行之，故谓祝融也。”又载：“五帝者，何谓也？《礼》曰：黄帝、颛顼、帝喾、帝尧、帝舜，五帝也。《易》曰：‘黄帝、尧舜、氏作。’《书》曰：‘帝尧、帝舜。’黄者，中和之色，自然之姓，万世不易。黄帝始作制度，得其中和，万世常存，故称黄帝也。谓之颛顼何？颛者，专也；顼者，正也；能专正天人之道，故谓之颛顼也。谓之帝喾者何也？喾者，极也，言其能施行穷极道德也。谓之尧者何？尧犹峣峣也，至高之貌，清妙高远，优游博衍，众圣之主，百王之长也。谓之舜者何？舜犹舛舛也，言能推信尧道而行之。”司马迁在《史记·太史公自序》中亦写道：“伏羲至纯厚，作易八卦。尧舜之盛，尚书载之，礼乐作焉。”由如上史料的相关描述和阐释中不难看出，在三皇五帝时代，民众开始由野蛮蒙昧走向文明开化，诸如天道人伦、道德纲纪、制度规范等，都得以构思、制定和实施开来，而这些均得益于三皇五帝等上古帝王们在建国君民与化民成俗等方面所做出的卓越功绩，从而也在国家治理和民众教化的层面上为中国传统教师文化的起源提供了理论支撑并奠定了实践基础。

可以说，中国传统教育与学校的正式出现乃是中国传统教师文化得以真正产生的必要前提所在。黄绍箕与柳诒徵在所著我国首部《中国教育史》一书中，特别强调了以“明物察伦”为核心特质的中国教育之肇端实起自三皇伏羲之时，而以集合“布政施教”功能于一体的明堂为标志的中国学校之产生则始自三皇神农之时。黄先生与柳先生还讲道："明上下，明法令，皆黄帝明民之证；道不拾遗，市不豫贾，则其民已受教育，由愚而明之证也。……羲、农以降，民智渐开，而庶业其繁，饰伪萌生，耕渔商贩之流，明之使知公德，夫岂易言？……则其教民之功，可想见矣。……黄帝之后有颛顼，颛顼之后有帝喾，帝喾之后有帝尧、帝舜。颛顼、帝喾均能'上缘黄帝之道而行之'，故史称颛顼曰'治气以教化'，称帝喾曰'抚教万民而利诲之'。然而当尧之时，天下犹未平，尧举舜而敷治；舜举八元，使布五教于四方，然后内平外成。"① 显见，中国传统教育与学校在三皇时期甫一肇始与创立，伏羲与神农等帝王们即付诸了其以"表名万物、察定伦常、政教相洽"的核心文化特质。及至五帝时期，黄帝、颛顼、帝喾、帝尧、帝舜等帝王们又继续为其涂绘上了"明民以上下、法令、公德；教民以父义、母慈、兄友、弟恭、子孝"的鲜亮文化底色。而中国传统教师文化的精神蕴涵与实践范型也便导源于此。

克实而论，中国历史上正式意义的师者和学校的产生，实质上乃是政治、教育与教师实践的一体化整合式发展的一种必然结果。而政教合一与官师一体也便由此构成了中国传统政治文化以及教育和教师文化的基本制度架构和典型实践范式。孟子曾讲道："后稷教民稼穑，树艺五谷，五谷熟而民人育。人之有道也。饱食、暖衣、逸居而无教，则近于禽兽。圣人有忧之，使契为司徒，教以人伦，父子有亲，君臣有义，夫妇有别，长幼有序，朋友有信。"② 又言："夏曰校，殷曰序，周曰庠，学则三代共之，皆所以明人伦也。人伦明于上，小民亲于下。有王者起，必来取法，是为王者师也。"③ 司马迁在《史记·五帝本纪》中亦写道："舜曰：'契，百姓不亲，五品不驯，汝为司徒，

① 黄绍箕，柳诒徵著. 中国教育史［M］. 福州：福建教育出版社，2011. 10，14，19，22.

② 《孟子·滕文公上》

③ 《孟子·滕文公上》

而敬敷五教，在宽。’”这里的五教即为“父义、母慈、兄友、弟恭、子孝”等，与孟子所说的五伦之教乃是一致的。《礼记·文王世子第八》有云：“凡三王教世子必以礼乐。乐，所以修内也；礼，所以修外也。礼乐交错于中，发形于外，是故其成也怿，恭敬而温文。立太傅少傅以养之，欲知其父子君臣之道也。太傅审父子君臣之道以示之，少傅奉世子，以观太傅之德行而审喻之。太傅在前，少傅在后；入则有保，出则有师，是以教喻而德成也。师也者，教之以事而喻诸德者也；保也者，慎其身以辅翼之而归诸道者也。《记》曰：‘虞夏商周，有师保，有疑丞，设四辅及三公。不必备，唯其人。’语使能也。君子曰德，德成而教尊，教尊而官正，官正而国治，君之谓也。”《周礼·地官》则云：“惟王建国，辨方正位，体国经野，设官分职，以为民极。乃立地官司徒，使帅其属而掌邦教，以佐王安扰邦国。”《周礼·春官》亦云：“大司乐掌成均之法，以治建国之学政，而合国之子弟焉。凡有道者，有德者，使教焉。”由此可知，无论是在以尧舜为代表的五帝时期还是在以西周为代表的三代时期，诸如太师、太傅、太保、司徒、司乐、乡师、闾师、乐师等师者和庠、序、学、校、辟雍、泮宫等学校的产生，实质上均是政治实践发展的自然产物。师者本身即是政府委任的行政官员，而学校则是政府设置的集教育与治理为一体的行政机构。学校教育对象则包含了上自王公贵族下至平民百姓等群体，学校教育的目的是为了实现人伦昌明与国治民安等。

可以说，羲农尧舜等三皇五帝乃至禹汤文武等三代诸王所示现的乃是一种集贤明君主与良善师者与一身的理想化圣王师形象，而在其所引领的时代，中国传统教师文化所彰显的，本质上则是一种将政教合一与官师一体的上古社会文化特质演绎至几近完满的教师文化样貌。关于此，章学诚曾言：“教之为事，羲、轩以来，盖已有之。观《易·大传》之所称述，则知圣人即身示法，因事立教，而未尝于敷政出治之外，别有所谓教法也。虞廷之教，则有专官矣；司徒之所敬敷，典乐之所咨命；以至学校之设，通于四代；司成师保之职，详于周官。然既列于有司，则肄业存于掌故，其所习者，修齐治平之道，而所师者，守官典法之人。治教无二，官师合一，岂有空言以存其私说哉?”① 郭秉文先生在其所著《中国教育制度沿革史》一书中亦讲道：“吾国文化初启之时，其教育之宗旨，即审察境地而以发达实利为事。经唐虞夏商，进化甚速。于是教育亦日趋完备。以人我相亲、国家安宁为达教育宗旨之道。修己治人，为吾国教育不刊之经。盖五伦者，修己之道；礼乐者，治人之道也。申言之，以德行道艺修于己，养成才能以治人。后世数百年之教育皆不外乎此。”② 总之，在中国传统教师文化的起源与早期发展阶段，由三皇五帝时期历经夏商西周三代，本质上皆是一种集政治治理与教育化导于一体的教师文化型态的产生与流变。具体而言，在此阶段，那些德才兼备的圣贤之辈们一方面众望所归地居于政者之位而大行平治天下之政事；另一方面又兼以官师之职而力推上行下效与化民成俗之教业。由此也奠定了后世中国传统教师文化数千年发展变迁的独特基调，并成为中国传统教师文化所历来向往和追求的理想化样态所在。

第三节 中国传统教师文化的范型确立

雅斯贝斯（Karl Jaspers）在其《历史的起源与目标》一书中将公元前800年至前200年视作人类历史发展的轴心期，并将中国、印度和西方作为人类历史在轴心期发展的典型代表地区。而关于轴心期历史的具体发展特征及其深远影响，雅斯贝斯则如是讲道：“最不平常的事件集中在这一时期。在中国，孔子和老子非常活跃，中国所有的哲学流派，包括墨子、庄子、列子和诸子百家，都出现了。……这个时代产生了直至今天仍是我们思考范围的基

① 《文史通义·原道中》

② 郭秉文著. 中国教育制度沿革史［M］. 福州：福建教育出版社，2007. 5.

本范畴，创立了人类仍赖以存活的世界宗教之源端。无论在何种意义上，人类都已迈出了走向普遍性的步伐。这一过程的结果是，以前无意识接受的思想、习惯和环境，都遭到审查、探究和清理。一切皆被卷入旋涡，至于仍具有生命力和现实性的传统实体，其表现形式被澄清了，因此也就发生了变质。……直至今日，人类一直靠轴心期所产生、思考和创造的一切而生存。每一次新的飞跃都回顾这一时期，并被它重燃火焰。自那以后，情况就是这样。轴心期潜力的苏醒和对轴心期潜力的回忆，或曰复兴，总是提供了精神动力。对这一开端的复归是中国、印度和西方不断发生的事情。……总而言之，轴心期的概念提供了借以探讨其前后全部发展的问题和标准。”① 在雅斯贝斯看来，轴心期所开显及递传下来的思想观念乃是人类历史发展至今的精神源泉所在，人类历史的每一次理论更新与拓进，无不与轴心期所提供的精神动力和思想标准息息相关。依雅斯贝斯所见，中国的春秋战国时代与轴心期在历史发展阶段上是几乎重合的。而就中国传统教师文化在此一时期的发展状况来看，以孔子、老子和墨子等为核心代表的诸子百家学派的兴起，以及由此而带来的私学教师文化的繁荣也推动着中国传统教师文化得以实现真正意义上的范型确立。当然，这里所说的中国传统教师文化的范型确立，却并非仅是由轴心期诸子百家私学教师文化所能单一代表和促成的，而是其与三皇五帝以及三代时期以来便一直存在的官学教师文化融汇统合基础上所实现的范型确立。而此后数千年间中国传统教师文化的发展变迁，也基本上保持着这样一种集官学教师文化与私学教师文化于一体的教师文化范型，只是在这个官私一体化的教师文化范型之下，官学教师文化与私学教师文化两者之间又会在不同历史时期展现出各自的差异和不同以及相互关联的起伏变化等情形。

---

① ［德］卡尔·雅斯贝斯著，魏楚雄，俞新天译．历史的起源与目标［M］．北京：华夏出版社，1989．8-9，14-15．

那么，在春秋战国时代，中国传统教师文化范型确立之下的官学教师文化与私学教师文化这两大分支类别之间的关系究竟又是如何的？两者的各自典型发展特质又有怎样的具体表现呢？凡此种种，均是需进一步详讨的要题所在。

首先，就春秋战国时代官学教师文化与私学教师文化之间的关系而言，两者本质上乃是一种源与流的关系，前者为后者之根源，后者为前者之衍流。两者既一体共融，又各成统系。庄子曾指出："天下大乱，贤圣不明，道德不一。天下多得一察焉以自好。譬如耳目鼻口，皆有所明，不能相通。犹百家众技也，皆有所长，时有所用。虽然，不该不遍，一曲之士也。判天地之美，析万物之理，察古人之全。寡能备于天地之美，称神明之容。是故内圣外王之道，暗而不明，郁而不发，天下之人各为其所欲焉以自为方。悲夫！百家往而不反，必不合矣！后世之学者，不幸不见天地之纯，古人之大体。道术将为天下裂。"① 这里，庄子将诸子百家学派的出现视作是各家学派各执己见、蔽于一曲的结果，而作为一切学说之本源的古之内圣外王之道亦将为天下所裂。庄子此说颇为精辟地点明，诸子之学实则出自一家，所谓同源而殊流，他将这个"源"归结在古之内圣外王的大道上，而在诸子百家私学兴起之前，这个古人之大体的内圣外王之道显然又是归本于王官学这一总源的。因此，以诸子百家师为主体的春秋战国私学教师文化归根结底还是脱胎于以王官职事师为主体的官学教师文化的。西汉刘歆在其《七略·诸子略总序》中即认为，虽有"儒、道、阴阳、法、名、墨、纵横、杂、农、小说"等十家，但"诸子十家，其可观者九家而已。皆起于王道既微，诸侯力政，时君世主，好恶殊方，是以九家之术蜂出并作，各引一端，崇其所善，以此驰说，取合诸侯。其言虽殊，辟犹水火，相灭亦相生也。仁之与义，敬之与和，相反而皆

① 《庄子·杂篇·天下第三十三》

相成也。《易》曰：‘天下同归而殊涂，一致而百虑。’”可见，刘歆的观点是与庄子大同小异的，也主张所谓诸子百家之学本是同源所出，但只因着时势的变化而分为殊流，而彼此之间则变为相生相克、相反相成的关系。同时，他又强调，主要的诸子九家学派其实均各出自九种王官之职事，即所谓：“儒家者流，盖出于司徒之官。……道家者流，盖出于史官。……阴阳家者流，盖出于羲和之官。……法家者流，盖出于理官。……名家者流，盖出于礼官。……墨家者流，盖出于清庙之守。……纵横家者流，盖出于行人之官。……杂家者流，盖出于议官。……农家者流，盖出于农稷之官。……小说家者流，盖出于稗官。”① 并且，刘歆还详细解析了各家学派的价值取向及其发展流变的概况。例如，就其中为主的儒道法墨四家而言，他就指出，儒家是：“助人君顺阳阳明教化者也。游文于六经之中，留意于仁义之际，祖述尧、舜，宪章文、武，宗师仲尼，以重其言，于道最为高。孔子曰：‘如有所誉，其有所试。’唐、虞之隆，殷、周之盛，仲尼之业，已试之效者也。然惑者既失精微，而辟者又随时抑扬，违离道本，苟以哗众取宠。后进循之，是以《五经》乖析，儒学浸衰，此辟儒之患。”道家是：“历记成败存亡祸福古今之道，然后知秉要执本，清虚以自守，卑弱以自持，此君人南面之术也。合于尧之克攘，《易》之嗛嗛，一谦而四益，此其所长也。及放者为之，则欲绝去礼学，兼弃仁义，曰独任清虚可以为治。”法家是：“信赏必罚，以辅礼制。《易》曰‘先王以明罚饬法’，此其所长也。及刻者为之，则无教化，去仁爱，专任刑法而欲以致治，至于残害至亲，伤恩薄厚。”墨家是：“茅屋采椽，是以贵俭；养三老五更，是以兼爱；选士大射，是以上贤；宗祀严父，是以右鬼；顺四时而行，是以非命；以孝视天下，是以上同；此其所长也。及蔽者为之，见俭之利，因以非礼，推兼爱之意，而不知别亲疏。”② 等等。

---

① 《七略·诸子九家又小说一家》

② 《七略·诸子九家又小说一家》

刘歆的上述主张，亦为东汉班固所采信，其在《汉书·艺文志》开篇即就编撰缘由说明道：“战国从衡，真伪分争，诸子之言纷然殽乱。……至成帝时，以书颇散亡，使谒者陈农求遗书于天下。诏光禄大夫刘向校经传诸子诗赋，步兵校尉任宏校兵书，太史令尹咸校数术，侍医李柱国校方技。每一书已，向辄条其篇目，撮其指意，录而奏之。会向卒，哀帝复使向子侍中奉车都尉歆卒父业。歆于是总群书而奏其《七略》，故有《辑略》，有《六艺略》，有《诸子略》，有《诗赋略》，有《兵书略》，有《术数略》，有《方技略》。今删其要，以备篇辑。”而《汉书·艺文志》中涉及诸子百家的论述部分也基本上是将刘歆之《七略》中的相关内容援引过来。

此外，在现代一些大家学者，诸如章太炎先生与吕思勉先生等的著述中，也能看到类似于庄子、刘歆和班固等古时学者的如上表达与主张。

章太炎先生曾指出：“古之学者，多出王官世卿用事之时，百姓当家，则务农商畜牧，无所谓学问也。其欲学者，不得不给事官府为之胥徒，或乃供洒扫为仆役焉。……故事师者，以洒扫进退为职，而后车从者，才比于执鞭拊马之徒。观春秋时，世卿皆称夫子。夫子者，犹今言老爷耳。孔子为鲁大夫，故其徒尊曰夫子，犹是主仆相对之称也。《说文》云：‘仕，学也。’仕何以得训为学？所谓宦于大夫，犹今之学习行走尔。是故非仕无学，非学无仕，二者是一而非二也。（学优则仕之言，出于子夏。子夏为魏文侯师。当战国时，仕学分途久矣，非古义也。）……惟其学在王官，官宿其业，传之子孙，故谓之畴人子弟。……其后有儒家、墨家诸称，……当时学术相传，在其子弟，而犹称为家者，亦仍古者畴官世业之名耳。《史记》称老聃为柱下史，庄子称老聃为征藏史，道家固出于史官矣。孔子问礼老聃，卒以删定六艺，而儒家亦自此萌芽。墨家先有史佚，为成王师，其后墨翟亦受学于史角。阴阳家者，其所掌为文史星历之事，则《左氏》所载瞽史之徒，能知天道者是也。其他虽无征验，而大抵出于王官。……惟其各为一官，守法奉职，故彼此不必相通。……亦有兼学二术者，如儒家多兼纵横，法家多兼名，此表里一体，互为经纬者也。”① 从章太炎先生的如上一番详尽论述中，不难发现，诸子百家私学师之流，其发源皆在王官职事之师那里。而且，这里有一些细节表达，还可细忖深究。比如，章先生提示，孔子之门人之所以称其为夫子，乃是因其为鲁大夫，此等称谓所沿用的实是上下级间以示尊卑之官礼，并非全是师生间弟子尊师之私礼。可见，即便于私学创办大有成就之孔子，其与弟子之间的教育活动，亦存留着官学影响的甚深痕迹。又如，章先生认为，古之时，“非仕无学，非学无仕”，仕学本为一体，不可分离，而后来仕学分途，故有子夏之“学优则仕”之说流行。可见，当古之时，为学即为仕，为仕即为学。这一根源性特点，也可在之后兴起的私学中有所窥见。再如，章先生点明，正因官学之仕者各有其职事，也便各司其职、各传其业，彼此有别，互不相通，并由此成为累传之家学及世袭之职业，而此等种种世代家传和官守的学术与学业中亦有名其曰儒家、道家者等。

吕思勉先生亦讲道：“古代学术之府，果安在乎？曰有二：一曰学校，一曰官守。今之言教育史者，每好将今日之学校，与古代相比附，此全未知古代学校之性质者也。古代社会，有平民贵族之等级，其教育亦因之而异。贵族教育，又有大学与小学之分。贵族之小学，与平民之学校，皆仅授以日用之知识技艺，及当时所谓为人之道，绝不足语于学术。大学则本为宗教之府，教中之古籍，及高深之哲学在焉。然实用之学，亦无所有，而必求之于官守。此古代学术所在之大略也。”② 吕先生的观点与章先生可谓如出一辙。他认为，古时欲求一切学术，诸如宗教玄学、高深哲学与实用之学等，则必由学校和官守两途。而这两途实质上又均为官方所把持。因此，掌握这些学术之人，即是隶属于官家之亦官亦师之人，在此情形下，诸子百家私学教师的产生，

---

① 章太炎著，张昭军编. 章太炎讲国学・诸子学略说［M］. 北京：东方出版社，2007. 38-39.

② 吕思勉著. 先秦史［M］. 上海：上海古籍出版社，1982. 468.

则势必是来源于王官职事之师的了。

其次，就春秋战国时代官学教师文化与私学教师文化两者各自的典型发展特质而言，此一时期的官学教师文化日益衰微，而私学教师文化则蓬勃兴起并日趋兴盛，而后者在以前者为根源的同时，自身也转而成为后世教师文化发展的新源泉所在。这其中，尤其是孔子所创发和引领的教师文化范型则更加具有独一无二的历史贡献和影响。

吕思勉先生在其《先秦学术概论》一书中曾对中国学术的历史发展进程做过一个简明的分期，并从中特别指明了先秦学术的独特重要性，他就此讲道："吾国学术，大略可分七期：先秦之世，诸子百家之学，一也。两汉之儒学，二也。魏晋以后之玄学，三也。南北朝隋唐之佛学，四也。宋明之理学，五也。清代之汉学，六也。现今所谓新学，七也。七者之中，两汉魏晋，不过承袭古人；佛学受诸印度；理学家虽辟佛，实于佛学入之甚深；清代汉学，考证之法甚精，而于主义无所创辟；最近新说，则又受诸欧美者也。历代学术，纯为我所自创者，实止先秦之学耳。……先秦诸子之学，非至晚周之世，乃突焉兴起者也。其在前此，旁薄郁积，蓄之者既已久矣。至此又遭遇时势，乃如水焉，众派争流；如卉焉，奇花怒放耳。积之久，泄之烈者，其力必伟，而影响于人必深。我国民今日之思想，试默察之，盖无不有先秦学术之成分，在其中者，其人或不自知，其不可诬也。不知本原者，必不能知支流。欲知后世之学术思想者，先秦诸子之学，固不容不究心矣。"① 在吕先生看来，自先秦至现代，中国学术的发展可划分为七期之学。其中，有承袭古人之学为主者，如两汉儒学与魏晋玄学；有受诸印度与欧美等外来之学为主者，如南北朝隋唐佛学、宋明理学与现代新学；有偏于考证而于主义无所创新者，如清代汉学。而七者中唯有先秦诸子百家之学乃是承前启后、由自所创且影响

---

① 吕思勉著. 先秦学术概论［M］. 长沙：岳麓书社，2010. 3-4.

深远之学。据吕先生所论，可以看出，即便诸子百家之学确是扎根于王官职事之学中的，但其顺应时势而自所创发的诸多新学说，以及以孔子等为核心的诸子之师们在官学日渐衰微的教育发展情势下，冲破官学独守的旧格局，而开创出私学兴盛新格局的创新举措，则皆已成为后世教师文化演进变革所不可或缺的新源泉所在。

若说春秋战国时代中国传统教师文化的范型确立，乃主要得益于诸子百家学派之所合力使然，恐怕并不为过。但若再于此诸家合力中进而析出作为主力之人及其学派，那必定非孔子及其儒家学派所莫属了。从某种程度上而言，孔子及其儒家学派之力，对于推动该时期中国传统教师文化范型确立所起到的引领作用，乃至使之在后世传续中所产生的深广影响，若在先秦诸子百家学派中来加以比较的话，实是无出其右的。

“由尧舜至于周初，制度文物，由质而文，可少概见，至于学术思想，初无大变。孔子当邪说横行之时，故直指本心，以救其失，于是伦理道德，终古不灭。古者学在官府，职有司存，厉王板荡，纲纪大乱，畴人子弟分散，故礼坏乐崩，史文放失。孔子修撰六艺，私人授徒，于是齐民可得而学。孔子虽述而不作，中国文化则实自孔子开之。”① 这是李源澄先生对孔子之于中国文化的作用和影响所做的评价，可谓一语中的、切中肯綮。在他看来，孔子之前，学术与教育本为官守，民间受学实无可能。而逡至春秋乱世，礼坏乐崩，文化漫烂，官学失守。孔子应时而起，整修经典，普施教泽，提振斯文，不仅使得先古以来之中国文化能够得以承续不绝，亦使得其时及后世之中国文化于广开门路之下遍及民间社会，从而真正促进了中国文化的延传、推广与大成。无独有偶，柳诒徵先生亦对孔子评价道：“孔子者，中国文化之中心也。无孔子则无中国文化。自孔子以前数千年之文化，赖孔子而传；自

① 李源澄著. 诸子概论［M］. 上海：华东师范大学出版社，2010. 1-2.

孔子以后数千年之文化，赖孔子而开。即使自今以后，吾国国民同化于世界各国之新文化，然过去时代之与孔子之关系，要为历史上不可磨灭之事实。故虽老子与孔子同生于春秋之时，同为中国之大哲，而其影响于全国国民，则老犹远逊于孔，其他诸子，更不可以并论。”① 这里，柳先生所给予孔子的赞誉和评价可谓至高无上，他认为孔子实乃中国文化之中心，甚至孔子的有无便直接决定了中国文化的存亡。孔子对中国文化的发展做出了承前启后的不朽历史贡献，在这一点上，包括老子等在内的先秦诸子是无人能与孔子等量齐观、相提并论的。

由如上李源澄和柳诒徵两位先生对孔子所做的评价中，我们可以得到这样的启示：在对关乎春秋战国时代中国传统教师文化范型确立的问题进行审视和解析时，给予孔子及其儒家学派的教师文化范型以特别之关切，并在整个研究理路中将之置于不可替代的核心地位，既是势所必然的也是在所必要的研究方略选择。故而，我们首先应对孔子及其儒家学派教师文化范型的价值取向与实践路径有一精要了解，方可在对该问题进行探究时做到有本可依、有迹可循。于此，我们还可借助柳诒徵先生的相关论断来获取有价值的启思，他指出：“孔子以为人生最大之义务，在努力增进其人格，而不在外来之富贵利禄，即使境遇极穷，人莫我知，而我胸中浩然，自有坦坦荡荡之乐。无所歆羡，自亦无所怨尤，而坚强不屈之精神，乃足历万古而不磨灭。儒教真义，惟此而已。虽然，孔子之学，亦非徒为自了汉，不计身外之事也。成己必成物，立己必立人。……故修身之后即推之于家国天下，其于道国、为政、理财、治赋之法，无一不讲求，而蕲致用于世。”② 柳先生明言，孔子所设定之人生目标，归根结底乃是在于努力成为一完善之人，而在奋力获取人生之完善的进程中，务须树立起矢志不渝、坚韧不拔的顽强精神，而此一精神生命

① 柳诒徵撰. 中国文化史（上册）［M］. 上海：上海古籍出版社，2001. 263.

② 柳诒徵撰. 中国文化史（上册）［M］. 上海：上海古籍出版社，2001. 267.

的生长与存在，实可亘古不灭、恒存于世。孔子及其儒家学派之根本教义，无外乎此。同时，柳先生还强调，孔子之学的鹄的，并非仅求达成自身之完满，而是在努力修身成己的同时，又尽己所能地将一己之所得所有广而推施于他人以至家国天下，冀求达成人人之完善与普世之大同。显见，倘能抓住并明晓孔子及其儒家学派教师文化范型的如是特质，对于我们更好地理解和把握春秋战国时代中国传统教师文化范型确立问题的全貌和真貌，乃是大有裨益的。

综上，在雅斯贝斯所划定的世界历史发展轴心期的中国春秋战国时代，伴随着西周末年以来，以封建宗法为核心的政治制度、井田制为核心的经济制度、学术官守为核心的教育制度等的逐渐分崩离析，诸子百家之师开始由王官职事之师的群体中分化出来，而原有的官学教师文化一家独大的旧格局开始被打破，由官学教师文化与私学教师文化两相并存，且后者作用更显突出的新教师文化格局得以形成。这其中，孔子及其儒家学派的教师文化范型则始终占据着引领和核心地位，并产生了独一无二的深远历史影响。

第二章　从“尊法”到“尊儒”的中国传统教师文化演进

第一节　秦代“以法独尊”的教师文化

公元前221年，秦灭掉齐国，结束了春秋战国以来近550年的纷争乱世，建立秦朝，秦王嬴政自号“始皇帝”。中国也由此进入一个新的天下一统时期，只是秦朝自身却国祚甚短，到公元前207年灭亡为止，仅得传递三世，不过延续了15年而已。司马迁曾对秦的成败之因进行过一番鞭辟入里的分析，他讲道：“秦并海内，兼诸侯，南面称帝，以养四海，天下之士斐然乡风，若是者何也？曰：近古之无王者久矣。周室卑微，五霸既殁，令不行于天下，是以诸侯力政，强侵弱，众暴寡，兵革不休，士民罢敝。今秦南面而王天下，是上有天子也。既元元之民冀得安其性命，莫不虚心而仰上，当此之时，守威定功，安危之本在于此矣。秦王怀贪鄙之心，行自奋之智，不信功臣，不亲士民，废王道，立私权，禁文书而酷刑法，先诈力而后仁义，以暴虐为天下始。夫并兼者高诈力，安定者贵顺权，此言取与守不同术也。秦离战国而王天下，其道不易，其政不改，是其所以取之守之者异也。孤独而有之，故其亡可立而待。借使秦王计上世之事，并殷周之迹，以制御其政，后虽有淫骄之主而未有倾危之患也。”① 在司马迁看来，秦之所以能够兼并诸强、一统天下，实乃人心所向、大势所趋的历史发展必然。但秦始皇登基之后，却罔顾社情民意，一味刚愎自用，滥施刑罚，暴虐百姓，背道而驰，终致秦朝速亡。若从司马迁的语意来感知的话，他认定，秦之得天下在得到了公道人心，而失天下则是失掉了公道人心，这一得一失之间的因果转化乃是自然而然、显而易见的。吕思勉先生则认为，秦始皇所施之政，“皆有其大一统之规模，亦不能谓其不切于时务，……始皇之误，则在其任法为治。”② 这里，吕先生对秦始皇治理天下的成功与合理之处首先予以了充分肯定，但同时也一语中的地点明，导致秦始皇执政最终失败的原因即在于其治国理政太过依凭严刑酷法，由此也便陷入官逼民反、统治崩溃的泥淖而不得自拔。

可以说，在秦朝倚重刑法统理天下的时代大背景影响之下，“以法独尊”则俨然成了有秦一代教师文化变迁的一种显明特质。当然，历史地考量，秦代“以法独尊”教师文化状况的形成，却并非是一种短时突变导致的结果，而是由一系列重要历史事件所共同长期影响和促成的，这其中，有三个历史事件是具有至关重要影响的。

第一个重要历史影响事件是秦孝公时的商鞅变法。

商鞅施政的核心主张即是以“农战立国”、以“杀刑治国”，他就此讲道：“善为国者，其教民也，皆作壹而得官爵，是故不官无爵。国去言则民朴；民朴，则不淫。民见上利之从壹空出也，则作壹；作壹，则民不偷营；民不偷营，则多力；多力，则国强。今境内之民皆曰：‘农战可避而官爵可得也。’是故豪杰皆可变业，务学《诗》《书》，随从外权，上可以得显，下可以求官爵；要靡事商贾，为技艺，皆以避农战。具备，国之危也。民以此为教者，

① 《史记·秦始皇本纪第六》

② 吕思勉著. 秦汉史（上册）[M]. 上海：上海古籍出版社，1983. 8.

其国必削。”① 又言：“治国刑多而赏少，故王者刑九而赏一，削国赏九而刑一。夫过有厚薄，则刑有轻重；善有大小，则赏有多少。此二者，世之常用也。刑加于罪所终，则奸不去；赏施于民所义，则过不止。刑不能去奸而赏不能止过者，必乱。故王者刑用于将过，则大邪不生；赏施于告奸，则细过不失。治民能使大邪不生、细过不失，则国治。国治必强。一国行之，境内独治。二国行之，兵则少寝。天下行之，至德复立。此吾以杀刑之反于德而义合于暴也。”② 显见，商鞅确实是抓住了当时各诸侯国争霸图强的取胜要节所在，即，鼓励耕战、严明刑赏。任何一国，在当时如果具备了发达的农业经济、强大的军事力量和公正的爵禄制度等有利条件，那么，对于其在逐鹿天下的竞争中最终胜出，都将会产生决定性的影响。

从某种程度上而言，正是商鞅变法一举奠定了秦国以法为尚的治国理政模式的真正基础，而秦代“以法独尊”教师文化状况的形成也正滥觞于此。据司马迁《史记·商君列传》所载：“商君者，卫之诸庶孽公子也，名鞅，姓公孙氏，其祖本姬姓也。鞅少好刑名之学，事魏相公叔座为中庶子。……公叔既死，公孙鞅闻秦孝公下令国中求贤者，将修缪公之业，东复侵地，乃遂西入秦，因孝公宠臣景监以求见孝公。……以卫鞅为左庶长，卒定变法之令。令民为什伍，而相牧司连坐。不告奸者腰斩，告奸者与斩敌首同赏，匿奸者与降敌同罚。民有二男以上不分异者，倍其赋。有军功者，各以率受上爵。为私斗者，各以轻重被刑大小。僇力本业，耕织致粟帛多者复其身。事末利及怠而贫者，举以为收孥。宗室非有军功论，不得为属籍。明尊卑爵秩等级，各以差次名田宅，臣妾衣服以家次。有功者显荣，无功者虽富无所芬华。……居五年，秦人富强，天子致胙于孝公，诸侯毕贺。……商君相秦十年，宗室

① 《商君书·农战第三》

② 《商君书·开塞第七》

贵戚多怨望者。……秦惠王车裂商君以徇，曰：‘莫如商鞅反者！’遂灭商君之家。”可知，商鞅在秦孝公的支持下所开展的变法改革，其核心举措即为大大加强法令刑律在国家治理中的地位和作用，同时大力鼓励和支持发展耕战并建立赏罚分明、等级森然的政治制度，而实际上这一变法改革还是颇见成效的。受其影响，秦国自穆公之后得以再度强大，便是明证。但由于商鞅变法严重触犯了秦国显贵阶层的根本利益，其最终归于失败的结局似乎也便是早已注定的了。不过，自此之后，秦国以法为尚的施政模式的基础也才算是真正奠定下来，而倘要追溯秦代“以法独尊”教师文化的影响根源，自然也是要导归于此的。

第二个重要历史影响事件是秦王嬴政对韩非法家思想主张的赏识与运用。

秦王嬴政对韩非的法家思想颇为赏识并加以切实运用，这也可视作是继商鞅变法之后，对秦所确立的以法为尚的施政模式第二个产生重要影响的历史事件。韩非在某种程度上算得是先秦法家学派的集成式人物，其思想主张代表了先秦法家学说的结晶和精华。韩非的法家思想有一个非常明确的目的，即，确立君主权威与实现国家富强。为达此目的，他所设计的是一种以法为中心的立场鲜明的统治方略，如其所言即是：“故明主之国，无书简之文，以法为教；无先王之语，以吏为师；无私剑之捍，以斩首为勇。是境内之民，其言谈者必轨于法，动作者归之于功，为勇者尽之于军。是故无事则国富，有事则兵强，此之谓王资。既畜王资，而承敌国之亹，超五帝、侔三王者，必此法也。”① 概而言之，韩非希望君主能成为明主和有术之君，这样的君主治理下的国家，所行乃“必然之道”，而非“适然之善”，“以法为教，以吏为师”，大众奉公守法，赏罚公正严明。同时，他主张君主应重视培养、任用和奖励智术之士、能法之士和耕战之人，并善于预防和消除重人、重臣以及学

① 《韩非子·五蠹》

者、言古者、带剑者、患御者、商工之民等所谓五蠹之人所造成的危害和不利影响。

与商鞅有所不同的是，韩非尽管也“喜刑名法术之学”，但其却“归本于黄老”。同时，韩非又是荀子的高足，因此，儒家学说对其的影响也自是无可避免和潜移默化的。此外，韩非与商鞅的个人际遇亦有所相近，其也是不得原来的主上重用，但却为秦王嬴政所倾慕赏识，“人或传其书至秦。秦王见《孤愤》《五蠹》之书，曰：‘嗟乎，寡人得见此人与之游，死不恨矣！’李斯曰：‘此韩非之所著书也。’秦因急攻韩。韩王始不用非，及急，迺遣非使秦。秦王悦之，未信用。李斯、姚贾害之，毁之曰：‘韩非，韩之诸公子也。今王欲并诸侯，非终为韩不为秦，此人之情也。今王不用，久留而归之，此自遗患也，不如以过法诛之。’秦王以为然，下吏治非。李斯使人遗非药，使自杀。韩非欲自陈，不得见。秦王后悔之，使人赦之，非已死矣。”[①] 可见，秦王嬴政在先只读到韩非之书时，便蓦然对其心生歆慕和向往之情，而为了得到韩非为己所用，他甚至不惜发动战争来迫使韩国就范。当然，即便韩非后来真的来到了秦王嬴政麾下，但却又因某些错综复杂缘由的影响，其最终还是冤死于秦国狱中，并未真正得到一展抱负、得偿所愿的机会。韩非遭逢的异常戏剧化的人生结局，实在是不免令人唏嘘和惋叹了。而且，当秦王嬴政最终征服诸侯列强，一跃成为君临天下的秦始皇之后，却又在其实际统治中过度强化了君王的个人权威和独断专制，这实则已与韩非法家思想的精神旨趣交相龃龉甚至相去甚远了。出现这样的结果，即便韩非当初未遭厄难，恐怕也是始料未及和不愿得见的。

第三个重要历史影响事件是嬴政在以秦王和秦始皇身份先后主政的三十余年间，均任用李斯为辅政重臣，并将其以法为主的施政主张付诸自身治国

---

① 《史记·老庄申韩列传第三》

理政的实践之中。

综观李斯的一生，其个人生涯的荣辱得失与秦代国家命运的兴衰成败可谓紧密交织，相与始终。李斯少为小吏时，因观察厕中鼠与仓中鼠之不同境遇而憬悟到人生际遇之别亦系于栖身之选的差异，遂投身于荀子门下习学帝王之术，以期学成得侍明主，获取荣华富贵。此等发心，虽不失为有所树立大志，但亦难脱狡智黠慧之羁绊，这一初心似乎也在冥冥之中预示和决定了其人生命运的某种特别进程和必然结局。而司马迁在《史记·李斯列传第二十七》中对李斯所下的数句简明精要的盖棺定论之语，似乎也正印证了这一点："太史公曰：李斯以闾阎历诸侯，入事秦，因以瑕衅，以辅始皇，卒成帝业，斯为三公，可谓尊用矣。斯知《六艺》之归，不务明政以补主上之缺，持爵禄之重，阿顺苟合，严威酷刑，听高邪说，废適立庶。诸侯已畔，斯乃欲谏争，不亦末乎！人皆以斯极忠而被五刑死，察其本，乃与俗议之异。不然，斯之功且与周、召列矣。"此外，在《史记·李斯列传第二十七》中另有几处关键描述则可以概要地刻画出李斯之于嬴政治国理政所产生的具体影响及其结果："秦王乃拜斯为长史，听其计，阴遣谋士赍持金玉以游说诸侯。诸侯名士可下以财者，厚遗结之；不肯者，利剑刺之。离其君臣之计，秦王乃使其良将随其后。秦王拜斯为客卿。……秦王乃除逐客之令，复李斯官，卒用其计谋。官至廷尉。二十余年，竟并天下，尊主为皇帝，以斯为丞相。……始皇下其议丞相。丞相谬其说，绌其辞，乃上书曰：'古者天下散乱，莫能相一，是以诸侯并作，语皆道古以害今，饰虚言以乱实，人善其所私学，以非上所建立。今陛下并有天下，别白黑而定一尊；而私学乃相与非法教之制，闻令下，即各以其私学议之，入则心非，出则巷议，非主以为名，异趣以为高，率群下以造谤。如此不禁，则主势降乎上，党与成乎下。禁之便。臣请诸有文学诗书百家语者，蠲除去之。令到满三十日弗去，黥为城旦。所不去者，医药卜筮种树之书。若有欲学者，以吏为师。'始皇可其议，收去诗书百家之语以愚百姓，使天下无以古非今。明法度，定律令，皆以始皇起。同文书。治离宫别馆，周遍天下。明年，又巡狩，外攘四夷，斯皆有力焉。”由如上几处描述中可以看到，李斯初说秦王成功，即被拜为长史，秦王随即采用其建议，派遣谋士游说诸侯，收买名士，凡不顺从己意者，即刺杀之，并离间各国主上与臣下的关系，转使其贤臣良将为己所用。李斯由立此等功劳，又被晋升为客卿。随后，秦国逐客风波一时骤起，李斯亦被牵涉其中，但其旋即上谏秦王平复之，并得以官复原职，秦王仍用李斯谋略施政，并擢升其为廷尉。其后二十余年，李斯一直辅佐秦王治国理政，终致平定六国、一统天下，官拜丞相。秦始皇君临天下后，李斯又在丞相位上助其谋划推行诸多施政要略，比如，禁开私学、以法为教、以吏为师、统一文字、辟攘四夷等。

从某种程度上而言，嬴政与李斯这一对君臣搭配堪称天作之合，嬴政对李斯知人善任，李斯则对嬴政尽忠竭诚，两人通力合作三十余年，不仅使得秦国日益强大，更进而一举平定天下，开辟新统。这其中，李斯虽始终处于臣位，但其对君上嬴政的影响却不可谓不深远，并凭借对嬴政的影响转而将自身的影响亦恒久留存于历史长河之中。克实而论，嬴政与李斯俱属霸道中人而非王道中人，其所信奉的主要均是弱肉强食的争霸之道，而这一霸道的核心思想主张则又是围绕着刑法律令之学来加以构建的，作为其时法家学派重要代表之一的李斯，既有其能，又当其位，特别是若与其同门韩非相比，尽管李斯自认才具不及韩非，但在推动法家学说的实际影响上，却由于韩非的不得其位而用，而使得李斯的历史地位和贡献更显突出和重要。从这一重意蕴上来看，若要探寻秦代“以法独尊”教师文化的生长之源与形成之因，李斯之于嬴政治国理政的独特历史影响自是不可或缺的。

秦朝的建立一举结束了春秋战国以来数百年的诸侯争霸、群雄割据的纷乱局面，但其大一统王朝的统治却是格外短暂，而在秦代的这一短时统治过程中，则形成了其独具特色的以法为尚的治国理政模式。这一模式的形成，既来自于诸如商鞅变法等历史事件的前因性影响，又受之于韩非与李斯等法家重要代表人物对嬴政创立秦朝前后执政过程中所产生的直接性与实质性影响。质言之，秦代“以法独尊”教师文化的核心表征即是“以法为教”与“以吏为师”，此等表征既是在其以法为尚的治国理政模式影响下形成的，同时又构成了这一治国理政模式的基本组成部分。从表象上来看，秦代教师文化的实施运作主要依靠的是“吏师合一”的途径，这似乎是对三代时期“官师一体”式教师文化形态的回流与复归，但实质却并非如此简单。三代时期的官师身份实则是王官学之师，其所从事的职业范围实际上是遍及后来出现的诸子百家之学的全部领域的，在这种情形下，为官与为师虽然是一体化的，但在思想学术与文化教育上，却并不是单一独尊某家学说的。而秦代的吏师身份则不然，此时的官吏与教师虽在实际身份上如三代时一样也是合而为一的，但在这一“吏师合一”的模式之下，却也同时实施着“禁绝他学，独尊法术”的国家政治与教育的政策要求与制度安排。也正是在这样一种特定情形之下，方可将秦代教师文化的变迁特质定位在“以法独尊”的向度之上。总之，与先秦教师文化的发展状况相比，秦代教师文化不仅形成了自身独具一格的新变革特色，同时也构成了上承先秦下启两汉教师文化发展进程中的不可或缺一环。

第二节 汉代“以儒独尊”的教师文化

公元前 202 年，经过长达 4 年的楚汉相争，刘邦最终战胜项羽，创立了西汉王朝，此后至公元 220 年东汉王朝灭亡，汉代的统治共延续了 400 余年。西汉创立伊始，在思想文化上依循的是黄老道家的自然无为理念，奉行的则是休养生息的国家治理政策，由此至公元前 141 年汉武帝登基之时，通过 60

余年的苦心经营，特别是经由“文景之治”近 40 年间的清明治理和大力积累，西汉不仅有效地恢复了国家元气，同时也极大地增强了国家的统治实力。在这样的时代背景下，对于雄心勃勃的汉武帝而言，革新并推行更加刚健有为的国家治理方略，可谓正逢其时。公元前 135 年，一贯支持黄老道家无为之治的汉文帝夫人窦太后去世，这似乎也从某种意义上为汉武帝大刀阔斧地实施其雄武进取的治国方略扫清了最后一道障碍。而此刻的关键问题则在于，以汉武帝为首的西汉改革派们，在确定指导国家变革的核心思想文化上，又将会做出怎样的特殊选择呢？最终的结果显示，这次所选中的既非秦代所倚重的法家学说，也非汉初所仰赖的道家学说，而是儒家学说。并且，对于儒家学说的定位，亦是独尊式的。只是，汉代的“独尊儒术”与秦代的“独尊法术”相比，虽然都是独尊某家学说，但两者之间还是具有本质区别的，这不仅仅体现在双方所尊的对象有所不同，更根本的乃是对各自对象所采取的具体独尊方式上所存在的差别。于此，需要引起充分注意的便是，在汉代“独尊儒术”的总体文化情势影响下，其教师文化的发展特质也便是“以儒独尊”的，关于这一点，我们主要可以通过如下两个方面来加以详细解析。

首先，董仲舒对汉代实施“罢黜百家，独尊儒术”国家治理方略之根本原因的阐释。

对汉代实施“罢黜百家，独尊儒术”国家治理方略根本原因的探寻不能绕过董仲舒其人其说的影响，诚如陈荣捷先生所言：“董仲舒（约公元前 179—前 104）在哲学上的重要性，表面上似乎很小，但在历史上，他却极为重要。在公元前 136 年儒学被奉为国教的这件事上，他是主要的功臣。而儒学独尊、抑黜百家的情况一直维持到 1905 年。”① 可知，董仲舒之于汉代“罢黜百家，独尊儒术”局面的促成，是居功至伟的，而其所具的历史影响，更

① 陈荣捷编著. 中国哲学文献选编［M］. 南京：江苏教育出版社，2006. 248.

是由于这一统治方略在自汉武帝之后中国传统社会2000余年发展进程中连绵不绝地推行和运用愈加深远地体现出来。

董仲舒“罢黜百家，独尊儒术”的思想主张集中体现在《天人三策》中，《天人三策》是董仲舒三次应答汉武帝诏问的对策，在《汉书·董仲舒列传第二十六》中完整地记载了这三次对策的内容，其中有多处均是关于董仲舒劝进汉武帝采用“罢黜百家，独尊儒术”治国方略的理由和举措之阐释的。例如，董仲舒在第一次对策中即对汉武帝劝进道：“今汉继秦之后，如朽木、粪墙矣，虽欲善治之，亡可奈何。法出而奸生，令下而诈起，如以汤止沸，抱薪救火，愈甚亡益也。窃譬之琴瑟不调，甚者必解而更张之，乃可鼓也；为政而不行，甚者必变而更化之，乃可理也。当更张而不更张，虽有良工不能善调也；当更化而不更化，虽有大贤不能善治也。故汉得天下以来，常欲善治而至今不可善治者，失之于当更化而不更化也。古人有言曰：‘临渊羡鱼，不如退而结网。’今临政而愿治七十余岁矣，不如退而更化；更化则可善治，善治则灾害日去，福禄日来。《诗》云：‘宜民宜人，受禄于人。’为政而宜于民者，固当受禄于天。夫仁、谊、礼、知、信五常之道，王者所当修饬也；五者修饬，故受天之晁，而享鬼神之灵，德施于方外，延及群生也。”在这一对策中，董仲舒将秦代以法为尚国家治理模式的弊端与贻害直陈无遗，他建议汉武帝不要因循秦代覆灭的旧辙，而应走更化变革的新路，而秉持和弘扬儒家的五常之道则是践行这一新路的关要所在。汉武帝在看过董仲舒第一次对策的内容后甚感非同一般，于是又进而向董仲舒发起第二问，董仲舒也即在第二次对策中对汉武帝又继续劝进道：“臣闻圣王之治天下也，少则习之学，长则材诸位，爵禄以养其德，刑罚以威其恶，故民晓于礼谊而耻犯其上。武王行大谊，平残贼，周公作礼乐以文之，至于成康之隆，囹圄空虚四十余年，此亦教化之渐而仁谊之流，非独伤肌肤之效也。至秦则不然。师申商之法，行韩非之说，憎帝王之道，以贪狼为俗，非有文德以教训于下也。诛名而不察实，为善者不必免，而犯恶者未必刑也。是以百官皆饰虚辞而不顾实，外有事君之礼，内有背上之心；造伪饰诈，趣利无耻；又好用憯酷之吏，赋敛亡度，竭民财力，百姓散亡，不得从耕织之业，群盗并起。是以刑者甚众，死者相望，而奸不息，俗化使然也。”董仲舒在第二次对策中对西周礼乐教化与秦代刑法俗化的差异与得失进行了比较分析，从而借此再次申明了其崇儒抑法的基本态度和立场。汉武帝对董仲舒的第二次对策内容亦同样是非常赞赏和满意的，于是便有了随后两人的第三次问对。而董仲舒在第三次对策中则直截了当地向汉武帝提出了“罢黜百家，独尊儒术”的根本主张，即所谓：“《春秋》大一统者，天地之常经，古今之通谊也。今师异道，人异论，百家殊方，指意不同，是以上亡以持一统；法制数变，下不知所守。臣愚以为诸不在六艺之科孔子之术者，皆绝其道，勿使并进。邪辟之说灭息，然后统纪可一而法度可明，民知所从矣。”可知，董仲舒之所以向汉武帝提出“罢黜百家，独尊儒术”这一根本主张的原因即在于，他认为，国家治理应当遵循大一统的轨则，此是经纶天地与贯通古今的常道常理所在。而当时思想文化上所存在的纷纭杂乱、旨趣不一的实际情形则对大一统局面的构建造成了严重障碍。因此，董仲舒从其崇儒的基本立场出发，建议汉武帝能够推行“罢黜百家，独尊儒术”的统治方略，如此，则可上有所统、下有所守，法度可明、民知所从，大一统局面也便会自然而然、顺理成章地达成了。

由如上对董仲舒之《天人三策》的分析中可以看出，其“罢黜百家，独尊儒术”建议的提出，主要依据即在于为汉代大一统王朝寻求一种更加合理有效的基础性与核心性思想文化理论支撑。而董仲舒之所以会将儒家学说作为选择对象，乃是由于秦代以法为尚治国理政模式崩溃失败所带来的深刻警醒，以及儒学在历史上曾助力于缔造清平盛世的经验启示，更是汉武帝时代从汉初以来 60 余年休养生息施政方略向刚健进取施政方略转轨的社会发展需求的促动使然。而汉代“以儒独尊”教师文化特质得以生长的历史依据和社会土壤也便在此。

其次，经学教育的发展对汉代“以儒独尊”教师文化特质的影响。

公元前136年，汉武帝“置《五经》博士”，[①] 从而一改“通古今之诸子传记”博士设置为“独尊儒术之专经”博士设置，体现出鲜明的“罢黜百家，独尊儒术”色彩。而这一事件发生在董仲舒应汉武帝对并提出“罢黜百家，独尊儒术”建议之前两年。可见，汉武帝对于“罢黜百家，独尊儒术”国家治理方略的设想与谋划不仅是与董仲舒不谋而合的，更是早付之于实行的。克实而论，五经博士真正在汉代经学教育中发挥对“以儒独尊”教师文化特质的影响，乃是在太学创立之后。董仲舒在公元前134年应汉武帝对的《天人三策》中便曾提出了兴太学以养士的建议：“夫不素养士而欲求贤，譬犹不琢玉而求文采也。故养士之大者，莫大乎太学；太学者，贤士之所关也，教化之本原也。今以一郡一国之众，对亡应书者，是王道往往而绝也。臣愿陛下兴太学，置明师，以养天下之士，数考问以尽其材，则英俊宜可得矣。”[②] 尽管汉武帝对董仲舒所提兴办太学的建议是赞成的，但直到十年后的公元前124年，他才正式应丞相公孙弘之请诏令创立太学，置《诗》《书》《礼》《易》《春秋》等五经博士，并为五经博士置弟子员五十人。此后，汉代太学规模不断扩大，至东汉桓帝时已达三万余人。汉代太学博士在授学过程中，颇重“师法”与“家法”。所谓“师法”，是指太学博士在讲授过程中，因其主要凭口耳相传的办法，易于出错，所以不得不依从各经学大师的经说，成为“师法”；所谓“家法”，则是指学者仅限于“师法”，难免拘于一格，不好有创新与发挥，且学说在师弟子之间代代相传，见解主张亦会愈加繁杂多绪，意见难以完全统一，于是不得不于师法之中另立自家之学，以此讲经，称为“家法”。皮锡瑞指出：“汉人最重师法。师之所传，弟之所受，一字毋敢出入；

---

① 《汉书·武帝纪第六》

② 《汉书·董仲舒传第二十六》

背师说即不用。师法之严如此。……前汉重师法，后汉重家法。先有师法，而后能成一家之言。师法者，溯其源；家法者，衍其流也。……汉时不修家法之戒，盖极严矣。然师法别出家法，而家法又各分颛家；如干既分枝，枝又分枝，枝叶繁滋，浸失其本；又如子既生孙，孙又生孙，云礽旷远，渐忘其祖。是末师而非往古，用后说而舍先传；微言大义之乖，即自源远末分始矣。”① 可知，汉代太学师法乃为本源，家法则为衍流，师法在先，家法在后，西汉以师法为主，东汉以家法为主。但无论师法还是家法，在太学中的运用均是严乎其严的，不容有丝毫出入和闪失。无奈源远流长、经久累迁之下，枝蔓繁滋，本源与衍流均渐有失，所谓严守师法与家法之规诫，也便抛掷霄外，无从约制了。

而造成这种状况的原因，倒也并非全由历久时长、人众论多所致。更为根本的，乃是利禄诱引与驱动之下的各家经学派系之间的利益纷争使然。例如，《汉书·儒林传第五十八》即讲道：“自武帝立《五经》博士，开弟子员，设科射策，劝以官禄，讫于元始，百有余年，传业者浸盛，支叶蕃滋，一经说至百余万言，大师众至千余人，盖禄利之路然也。”可见，自汉武帝置《五经》博士至汉平帝时的约 130 年间，经学教育的发展可谓突飞猛进，各家派系林立、言多论杂，各派经师门下的弟子则是人数众多，动辄千计。而究其实因，无外乎是利禄驱动使然。在此种情形下，如何调谐和消弭诸家之间的分歧和冲突，也便成为一个颇为棘手的问题。钱穆先生即就此明言道：“自汉武置《五经》博士，说经为利禄之途，于是说经者日众。说经者日众，而经说益详密，而经之异说亦益歧。经之异说益歧，乃不得不谋整齐以归一是。于是有宣帝石渠会诸儒论《五经》异同之举。其不能归一是者，乃于一经分数家，各立博士。其意实欲永为定制，使此后说经者限于此诸家，勿再生歧

① 皮锡瑞著. 经学历史［M］. 北京：中华书局，1959. 77，136-137.

也。”① 面对日益激烈的经学派别论争，汉代政府不得不采取一些特别手段来加以干预，其中，召开经学会议和刻立石经就是两种典型的方式。西汉宣帝时期召开的石渠阁会议和东汉章帝时期召开的白虎观会议，是两次著名的经学会议，前者增加了经学博士的数量，从汉武帝时期的《五经》博士增置为十四经博士；后一次会议则形成了由班固等整理而成的官方权威经学解释文本——《白虎通义》。此外，东汉灵帝时期，经由蔡邕等建议，政府下令镌刻石经，将《周易》《尚书》《仪礼》等儒家根本经典刻成石经，立于太学门外，作为官定儒经的范本。由此不难看出，尽管“以儒独尊”的教师文化情势伴随着汉代太学的发展进程逐渐根深蒂固，但在这看似独尊儒术的外在表象之下，却有着内部各家经学派别之间盘根错节地纠缠于利益竞逐的无穷博弈，而从中能够得以脱颖而出的竞胜者，才可以名正言顺地获取作为“以儒独尊”正统和权威代表的资格，这实质上也是在争夺经学话语权和解释权之归属上获胜后的一种必然收益和回报。因此，在汉代经学教育影响下的“以儒独尊”式的教师文化特质，到底是“以儒之本家独尊”还是“以儒之释家独尊”，这里面还是有很大的变动空间和深究余地的。

汉代学校教育系统中不仅在中央官学如太学等层级上普遍设置经学博士等师职，在地方官学如郡国学校以及乡里学校中也广泛设置经师，“郡国曰学，县、道、邑、侯国曰校，校、学置经师一人；乡曰庠，聚曰序，序、庠置《孝经》师一人。”② 但伴随着经学教育功利化程度的不断加深，汉代教师群体中却逐渐形成了经师与人师角色的兼容与分化交相并存的独特局面，这也是我们解读汉代“以儒独尊”教师文化特质所应关注的一个重要方面。具体而言，兼容式的师者角色是集经师与人师为一身的，这是最为理想化的教

---

① 钱穆著. 两汉经学今古文平议［M］. 北京：商务印书馆，2001. 218.

② 《汉书·平帝纪第十二》

师角色身份；分化式的师者角色则是指师者只为谋取功利而涉猎经学，虽有经师之名义，但实质上已然背离了师者应当率身垂范、为人师表的本色。据《后汉书·伏湛列传第十六》载：“伏湛字惠公，琅邪东武人也。……湛性孝友，少传父业，教授数百人。成帝时，以父任为博士弟子。……自行束脩，讫无毁玷，笃信好学，守死善道，经为人师，行为仪表。”可见，像诸如伏湛这样的师者，不仅有着纯正精深的经学造诣，同时也有着清泰高迈的人格境界，当然是足堪承受经师与人师齐备双全之盛誉和美名的。然而，在当时的整体教师文化情境中，却是弥漫和充斥着一股经师与人师角色两相分离且人师越发难遇难求的不和谐气氛的。“泰字林宗，太原介休人。……尝止陈国，文孝童子魏昭求入其房，供给洒扫。泰曰：‘年少当精义书，曷为求近我乎?’昭曰：‘盖闻经师易遇，人师难遭，故欲以素丝之质，附近朱蓝耳。’泰美其言，听与共止。尝不佳，夜后命昭作粥。粥成进泰，泰一呵之曰：‘为长者作粥，不加意敬，使不可食。’以杯掷地。昭更为粥重进，泰复呵之，如此者三。昭姿无变容，颜色殊悦，泰曰：‘吾始见子之面，而今而后，知卿心耳。’遂友而善之。”① 如上所载郭泰与魏昭师徒之间的一段经典事迹，便足以能刻画和凸显出“经师易遇，人师难遭”的情形在东汉末期早已是司空见惯的常态了。彼时，所谓的师者们愈加变本加厉地钻营名利和攻取爵禄，于是反衬得郭泰这样的清流傲骨之师更加显得稀有难得和令人仰止了。

① 《后汉纪·灵帝纪上第二十三》

第三章　中国传统教师文化的没落与重振

第一节　魏晋六朝教师文化的没落

魏晋六朝的360余年间，是中国传统教师文化发展的渐趋没落时期，而这一没落状况的集中表现，即是尊师重道风尚的日益不振与衰颓。倘若将此一阶段教师文化没落的原因归之于时局动荡与兵燹频仍等，当然是有所成立的。但此外，还有其他一些颇值关注的因素也对魏晋六朝教师文化的没落产生了重要影响，其中，又以滥厕玄学名士之列的假名士之流肆行妄为的弊乱、门阀士族家教与家学的兴起对官学教育的冲击与挤压以及九品官人法选士制度大行之下负面效应的不断凸显等的影响最为突出。

关于玄学，汤用彤先生曾下过一个精辟的定义，他指出："夫玄学者，谓玄远之学。学贵玄远，则略于具体事物而究心抽象原理。论天道则不拘于构成质料（Cosmology），而进探本体存在（Ontology）。论人事则轻忽有形之粗迹，而专期神理之妙用。"① 依汤先生所见，所谓玄学主要即可理解为是一种形上、抽象、本体和神妙之学。但同时玄学也并非全然就是一种虚无缥缈之学，其亦有涉事着实的色彩在，只是更加偏重于究玄务虚、直探本原而已。

① 汤用彤撰. 魏晋玄学论稿［M］. 上海：上海古籍出版社，2001. 23-24.

此外，若从玄学所主要依从的学术理论母本而言，诸如《老子》《庄子》《周易》等三玄经典中的学说本身也即带有鲜明的玄奥神妙色彩，玄学由此而出，又怎会与之了无关联而能完全脱却本色呢？

玄学的兴起在很大程度上与魏晋时代的政治社会环境变迁紧密相关，此一时期，无论是曹氏还是司马氏当政，对于名士之流而言，周遭似乎总是笼罩着一种极度高压的紧张气氛，若以如履薄冰或危若累卵来形容魏晋名士们的生存状态之艰难，应当并不为过。伴随着魏晋政治专制程度的不断加深，整个社会的纲常名教状况也越发显得陵夷不堪，而置身于这样一种危机四伏、波谲云诡的时代漩涡之中，意在持守清正风骨的名士们则不得不选择了一种特立独行的超然物外的方式来保身存世，他们看似心无挂碍、神游方外，实则却慧眼洞明、满腔热忱，并未真正舍弃浮世苍生的冷暖疾苦而只求一己之苟全自保，他们好似涓涓清流，不断荡涤着世间的污浊，他们对正统名教的空幻言论和虚伪作略进行了毫不留情的鞭挞和批判，并提出了将陷入歧途的社会思想文化导归于自然本真之正轨的变新主张。如下，我们可以通过魏晋竹林七贤中的阮籍和嵇康两人的相关言行事例来对此情形加以具体说明和解析。

“阮籍，字嗣宗，陈留尉氏人也。……籍本有济世志，属魏、晋之际，天下多故，名士少有全者，籍由是不与世事，遂酣饮为常。……籍尝于苏门山遇孙登，与商略终古及栖神导气之术，登皆不应，籍因长啸而退。至半岭，闻有声若鸾凤之音，响乎岩谷，乃登之啸也。遂归著《大人先生传》，其略曰：‘世人所谓君子，惟法是修，惟礼是克。手执圭璧，足履绳墨。行欲为目前检，言欲为无穷则。少称乡党，长闻邻国。上欲图三公，下不失九州牧。独不见群虱之处裈中，逃乎深缝，匿乎坏絮，自以为吉宅也。行不敢离缝际，动不敢出裈裆，自以为得绳墨也。然炎丘火流，焦邑灭都，群虱处于裈中而不能出也。君子之处域内，何异夫虱之处裈中乎！’此亦籍之胸怀本趣也。”① 阮籍本有平治天下的雄心壮志，亦有堪当重任的非凡才智，只可惜生不逢时，在魏晋的乱世危局之中，身为一代名士魁宗的阮籍，既不愿随波逐流，亦无由大展身手，更唯恐一不留神便会厄难临头，也只好以方外之士的面貌示人，终日畅饮无度，四处寻仙访道，不问世务，一心离俗，以求避害保全。但同时，阮籍对已然崩解失范的正统名教的鞭挞则又是一针见血、正中其弊的。在其看来，所谓的世间君子们无非是些沽名钓誉、蝇营狗苟之徒而已，其人格水准与真正的大人境界实有天壤之别，自己不屑与之为伍，乃是彼此志趣分殊的必然选择。如同《晋书·阮籍列传第十九》中所记载的那样，阮籍本人表面上虽示现的是一种狂放不羁的名士风范，但其在实际行为上却是对真正意义上的名教礼法严守无违，丝毫无有非分越礼之举的。而在《乐论》一文中，阮籍则明确表达了其集刑教礼乐于一体的政治治理与教化观，即所谓："刑、教一体，礼、乐，外、内也。刑弛则教不独行，礼废则乐无所立。尊卑有分，上下有等，谓之礼；人安其生，情意无哀，谓之乐。车服、旌旗、宫室、饮食，礼之具也；钟磬鞞鼓、琴瑟、歌舞，乐之器也。礼踰其制则尊卑乖，乐失其序则亲疏乱。礼定其象，乐平其心；礼治其外，乐化其内；礼乐正而天下平。"显见，阮籍所发的如上主张，可谓是比当时一般流行的正统名教观还要正统，如此论调居然出自阮籍这样的玄学名士之口，似乎有些出人意料，但这也恰恰表明，阮籍所反对的只是名不副实的名教，而对于名实相符的名教，其实质上是完全赞成并坚决奉行的。

与阮籍并列竹林七贤之一的嵇康可谓与其同气连枝，志同道合。据《晋书·嵇康列传第十九》载："嵇康，字叔夜，谯国铚人也。……康早孤，有奇才，远迈不群。身长七尺八寸，美词气，有风仪，而土木形骸，不自藻饰，

① 《晋书·阮籍传第十九》

人以为龙章凤姿，天质自然。恬静寡欲，含垢匿瑕，宽简有大量。学不师受，博览无不该通，长好《老》《庄》。……康将刑东市，太学生三千人请以为师，弗许。……康善谈理，又能属文，其高情远趣，率然玄远。撰上古以来高士为之传赞，欲友其人于千载也。”嵇康实属名士中的名士，高人中的高人。其短暂而又极富传奇和悲剧色彩的一生让人不胜唏嘘，并生无尽遐思。从嵇康身上，我们似乎更能深刻地体会到魏晋名士们与时代和自身命运奋力抗争的无畏与无奈。嵇康临刑时的场景，在某种程度上尤为凸显出其在彼时青年学子心目中的独特地位和影响，三千太学生共同为嵇康求情免死，并愿尊其为老师，在嵇康而言，这似是无上荣光，而在司马氏这批当权者眼中，此则为巨大隐忧。即如钟会上谗陷害嵇康时所提醒的那样，像嵇康这样具有深广影响力的名士如若不能为朝廷所用，那么，留下他就是后患无穷，唯有除之方可高枕无忧。在这样的情形下，嵇康的被害似乎也正是其难以逃脱的必然命数。

与阮籍一样，嵇康的志趣亦是以自然大道为旨归的，在《释私论》一文中，其便指出：“夫称君子者，心无措乎是非，而行不违乎道者也。何以言之？夫气静神虚者，心不存于矜尚；体亮心达者，情不系于所欲。矜尚不存乎心，故能越名教而任自然；情不系于所欲，故能审贵贱而通物情。物情顺通，故大道无违；越名任心，故是非无措也。是故言君子，则以无措为主，以通物为美。”在嵇康看来，能合乎自然大道者，必要“气静神虚”“体亮心达”方可。神气与心性若能与自然大道相契，那么，人之心与情也便不会受到荣利与欲望的牵系和羁绊，即可达到“越名教而任自然”与“审贵贱而通物情”的君子人格境界了。此外，与阮籍相比，嵇康在对虚作之名教的批判上，更显痛快淋漓和不留情面。例如，在《难自然好学论》一文中，他即讲道：“洪荒之世，大朴未亏，君无文于上，民无竞于下，物全理顺，莫不自得。饱则安寝，饥则求食，怡然鼓腹，不知为至德之世也。若此，则安知仁义之端，礼律之文？及至人不存，大道陵迟，乃始作文墨，以传其意。区别群物，使有类族。造立仁义，以婴其心。制其名分，以检其外。劝学讲文，以神其教。故六经纷错，百家繁炽，开荣利之涂，故奔骛而不觉。是以贪生之禽，食园池之梁菽。求安之士，乃诡志以从俗。操笔执觚，足容苏息；积学明经，以代稼穑。是以困而后学，学以致荣；计而后习，好而习成。有似自然，故令吾子谓之自然耳。推其原也：六经以抑引为主，人性以从欲为欢。抑引则违其愿，从欲则得自然。然则自然之得，不由抑引之六经；全性之本，不须犯情之礼律。故仁义务于理伪，非养真之要术；廉让生于争夺，非自然之所出也。……今若以明堂为丙舍，以诵讽为鬼语，以六经为芜秽，以仁义为臭腐，睹文籍则目瞧，修揖让则变伛，袭章服则转筋，谭礼典则齿龋；于是兼而弃之，与万物为更始，则吾子虽好学不倦，犹将阙焉。则向之不学，未必为长夜，六经未必为太阳也。”嵇康的如上论说在本质上与老庄道家学说的旨趣如出一辙，并加之自身所处时代背景下的应时发挥，而直击社会发展的痼疾要害所在。嵇康认为，顺应自然大道的无为之治缔造了上古时代的至德之世，其时至人当位，民众素朴未亏，从上至下，大众的心智行为虽无时无地不合于自然、行于自然，却又无所自知，但只怡然自得，全然是一幅天下和谐与百姓安乐的平治盛况。其后大道陵迟、至人不存，于是民众诈伪巧智之心行遂泛滥四起，人们纷纷奔骛于竞夺名利的歧途之中而不思返归大道，及至嵇康所处的魏晋时代，这样的情形更是愈演愈烈，糟糕至极。而嵇康对现实的批判则是毫不留情、一针见血。其将正统名教体系中具有光鲜地位的明堂、诵讽、六经、仁义等比拟为下滥不堪的丙舍、鬼语、芜秽、臭腐等，又将睹文籍、修揖让、袭章服与谭礼典等庄重礼教行为的后果归结为目瞧、变伛、转筋与齿龋等。如此不留余地、气势如虹地对虚作之名教展开痛击和批判，正足见嵇康冀望于改造浊秽现实与实现清平理想的志节之坚与情感之切。

玄学在魏晋时期的异军突起和发展壮大对当时的思想文化变迁产生了深刻影响，而这种影响也便逐渐渗透到了教师文化领域，并在某种程度上对两汉以来所形成的“以儒独尊”的教师文化格局造成了一定的更新性与消解性影响。这种影响若从其积极方面而言，可以看作是对两汉经学教师文化发展至魏晋时代日渐陈腐朽化状况加以更化与新成的有力推动。而若从其消极方面而言，则是伪托玄学名士之名的假名士们的无所约制和倒行逆施对尊师重道的教师文化风尚所造成的一定程度上的抵触和消解。实质上，玄学的高妙玄远境界的获取是要靠真名士们异乎凡俗而又确有其实的志趣、气节、风华和才情来支撑和滋养的，这种孤绝清奇的美好人格状态也即是所谓的名士风流。关于此，冯友兰先生曾有过一番极为详密深邃的论述，颇具启迪。他指出：“风流是一种所谓人格美。……我们可以说，风流是名士的主要表现。是名士，必风流。所谓，‘是真名士必风流’。不过冒充名士的人，无时无地无之，在晋朝也是不少。……假名士只求常得无事，只能痛饮酒，熟读《离骚》。他的风流，也只是假风流。嵇康阮籍等真名士的真风流若分析其构成的条件，不是若此简单。我们于以下就四点说真风流的构成条件。就第一点说，真名士，真风流的人，必有玄心。……真风流的人必是真达人，作达的人必不是真风流的人，真风流的人有其所以为达。其所以为达就是其有玄心。玄心可以说是超越感。……就第二点说，真风流的人，必须有洞见。所谓洞见，就是不借推理，专凭直觉，而得来的对于真理的知识。……就三点说：真风流的人，必须有妙赏，所谓妙赏就是对于美的深切的感觉。……就第四点说，真风流的人，必有深情。……真正风流的人有深情。但因其亦有玄心，能超越自我，所以他虽有情而无我。所以其情都是对于宇宙人生的情感。不是为他自己叹老嗟卑。……真正风流的人，有情而无我，他的情与万物的情有一种共鸣。他对于万物，都有一种深厚的同情。……超越自我的人，不能使他有哀乐。但人生的及事物的无常，使他有更深切的哀。但若从一更高的观点、从天或道的观点，以看人生事物，则对于人生事物的无常，也就没有哀了。没有哀乐，谓之忘情。……忘情则无哀乐。无哀乐便是另有一种乐。此乐不是与哀相对的，而是超乎哀乐的乐。”① 在冯先生看来，风流乃是真名士所具有的一种稀有难得的美好人格境界，即所谓“风流方为真名士，是真名士自风流”。但想要达到真名士的风流人格层次，却远非常人可及。冯先生认为，拥有真正风流人格的名士，必须要具备四种人格特质，即，一要超脱旷达、心存高远；二要智慧朗觉、灵明洞彻；三要才思敏捷、美感深切；四要情通万有、物我两忘。可见，若依冯先生所定如上真名士之风流人格的四条标准，可以与之匹配无缺的类似于阮籍和嵇康这样的真名士，必是凤毛麟角、少之又少的了。鲁迅先生亦曾讲道：“不过何晏王弼阮籍嵇康之流，因为他们的名位大，一般的人们就学起来，而所学的无非是表面，他们实在的内心，却不知道。因为只学他们的皮毛，于是社会上便很多了没意思的空谈和饮酒。许多人只会无端的空谈和饮酒，无力办事，也就影响到政治上，弄得玩‘空城计’，毫无实际了。”② 鲁迅先生对魏晋玄学影响下名士乱象产生之根由的洞悉和解读可谓是一目了然和一语中的。在魏晋时代，名士头衔的以假乱真、滥竽充数现象比比皆是、司空见惯，假名士们“画虎不成反类犬”的不堪情形亦是四处弥漫、甚嚣尘上。而在一辈打着所谓名士旗号的假名士群体中，不光是那些表面上看似不问世务的所谓林泉隐逸之人，更有诸多身居庙堂之高的权贵显要之流，也藉着名士的超俗出尘面目来示人，从而堂而皇之地为自己觅得了懈怠和无力于政务的冠冕理由和光鲜说辞。如此一来，久而久之，这种假尚虚玄、伪托清高的浮华轻慢风气终于衍成整个时代和社会的一贯不

---

① 冯友兰. 论风流［A］. 冯友兰，李泽厚等著，骆玉明，肖能等选编. 魏晋风度二十讲［C］. 北京：华夏出版社，2009. 222-230.

② 鲁迅. 魏晋风度及文章与药及酒之关系［A］//冯友兰，李泽厚等著，骆玉明，肖能等选编. 魏晋风度二十讲. 北京：华夏出版社，2009. 196-197.

良风习，也便使得人心越发不古，世风愈加日下了，而导致尊师重道风尚在此一时期日渐没落的一个重要因由，也便正缘于此。

魏晋南北朝时期，门阀士族家教与家学逐渐兴起并日益壮大，官学教育受到了其一定程度的冲击与挤压，这也成为促使彼时主要是官学教师文化没落的一个重要影响因素。

关于魏晋南北朝门阀士族家教与家学的兴起、变迁与影响，钱穆先生曾有过一个明晰的评断意见，他指出："由于东汉之累世经学，累世公卿，而有此下士族门第之兴起。……当时门第传统共同理想，所希望于门第中人，上自贤父兄，下至佳子弟，不外两大要目：一则希望其能具孝友之内行，一则希望其能有经籍文史学业之修养。此两种希望，并合成为当时共同之家教。其前一项之表现，则成为家风。后一项之表现，则成为家学。……魏晋南北朝时代一切学术文化，必以当时门第背境作中心而始有其解答。当时一切学术文化，可谓莫不寄存于门第中，由于门第之护持而得传习不中断；亦因门第之培育，而得生长有发展。"① 显见，依钱先生所论，在东汉至魏晋南北朝以来尊儒崇经、以学显荣的时代背景影响下，经由累世递嬗，经学、爵禄、门第、家教、家风与家学终成一因果相承的有机系统，其中尤为关键的是士族门第的生成与累传，非但是经学，魏晋南北朝时期的一切学术文化，其他诸如文学、史学、玄学、律学、科学与艺术等，也均是寄居、生长、繁荣和传递于士族门第之中，汇成了彼时门阀士族家教与家学发展的一大瑰丽奇观，并对中国传统学术文化的整体变革进程产生了不容低估的影响，做出了不可替代的贡献。可以说，魏晋南北朝是门阀士族家教与家学逐步兴起并日渐繁盛的时代，但与此同时，官学教育却受困于动荡的时局及连绵的战乱而度日维艰，存废无常。此消彼长之下，此一时期的门阀士族家教与家学实质上亦

---

① 钱穆著. 钱宾四先生全集第 19 册：略论魏晋南北朝学术文化与当时门第之关系［A］//中国学术思想史论丛（二）. 台北：联经出版事业公司，1998. 291-293，327.

对官学教育造成了一定程度的冲击和挤压，大有分庭抗礼甚至取而代之的能量和势头。而汉武尊儒以来，主要凭借以太学为核心的官学教育系统的权威地位来彰显尊师重道之风尚的局面也就此被打破，官学教育的尊荣也逐渐被门阀士族的家教与家学风采所掩蔽。

这里，可以通过史籍中所记载的几则典型案例来对魏晋南北朝时期门阀士族家教与家学的具体情形加以细密梳理和解析。

据《三国志·吴书·陆逊列传第十三》载："陆逊字伯言，吴郡吴人也。本名议，世江东大族。……逊以为子弟苟有才，不忧不用，不宜私出以要荣利；若其不佳，终为取祸。……及逊忠诚恳至，忧国亡身，庶几社稷之臣矣。抗贞亮筹干，咸有父风，奕世载美，具体而微，可谓克构者哉！"这则案例讲的是三国时吴国名将陆逊一门家教与家学风采之概貌。陆逊乃是江东世代大族出身，其德才卓越，能力非凡，故深得吴王孙权器重，并屡次在领兵抗敌的战争中立下奇功，尤其是火烧连营大败蜀国刘备一战，更是让陆逊威名鹊起，众所叹服。陆逊教子注重以修身立德为本，并加强对其实才实能的培养，且在子弟的出仕问题上坚决采取不徇私情、实事求是的公正态度。最终，在陆逊成功家教的影响下，其子陆抗也得以秉承父业，立功扬名，成就大器。可以说，三国时期江东门阀士族家教与家学的独特风采经由陆逊一门父子的事迹得到了淋漓尽致的彰显。

又据《晋书·夏侯湛列传第二十五》载："夏侯湛，字孝若，谯国谯人也。……后选补太子舍人，转尚书郎，出为野王令。以恤隐为急，而缓于公调。政清务闲，优游多暇，乃作《昆弟诰》。……湛若曰：'呜呼！惟我皇乃祖滕公，肇厘厥德厥功，以左右汉祖，弘济于嗣君，用垂祚于后。世世增敷前轨，济其好行美德。明允相继，冠冕胥及。……维我后府君侯，祗服哲命，钦明文思，以熙柔我家道，丕隆我先绪。钦若稽古训，用敷训典籍，乃综其微言。呜呼！自三坟、五典、八索、九丘，图纬六艺，及百家众流，罔不探赜索隐，钩深致远。《洪范》九畴，彝伦攸叙。乃命世立言，越用继尼父之大业，斯文在兹。……我母氏羊姬，宣慈恺悌，明粹笃诚，以抚训群子。厥乃我龀齿，则受厥教于书学，不遑惟宁。敦《诗》《书》礼乐，孳孳弗倦。……古之人厥乃千里承师，矧我惟父惟母世德之余烈，服膺之弗可及，景仰之弗可阶。汝其念哉！’”这则案例讲的是西晋名门望族夏侯湛之家的家教与家学情形。夏侯湛在其所作的《昆弟诰》一文中，对夏侯淳、琬、瑫、谟、总、瞻等胞弟进行了一番情真意切而又语重心长的教诲，于中也展现了夏侯氏一门根深叶茂、蔚为大观的家教与家学风貌。如夏侯湛所言，其家自先祖西汉开国功臣汝阴侯夏侯婴之时始，即代代以完善道德、创辟功业为继，以致英杰辈出，显位相续，美名传扬。及至其父西晋淮南太守夏侯庄之时，更是汲汲于恪守祖训，丕振家道，于三皇五帝以来之一切学问无不刻苦钻研，融通深达，上继圣人之素业，下创治世之明言，得以使文德显耀于身。而其母羊氏则勤修贤德，善诲庭教，子女甫一发蒙便即严格督导其努力进学，并日以《诗》《书》《礼》《乐》等教授熏陶，从未懈怠且不知疲倦，终将夏侯湛等七子五女皆得养育成才，并亦各建自身一番功业。自西汉初至西晋初的约500年间，夏侯氏一门始终能够保持家族发展的长盛不衰，诚可谓是君子之泽历久不斩的典范了。而究其因由，不也正在于其家所代代相持相传的清正严明家教、广博精深家学与浑朴厚重家风使然吗？

又据《晋书·谢安列传第四十九》载：“谢安，字安石，尚从弟也。父裒，太常卿。……既累辟不就，简文帝时为相，曰：‘安石既与人同乐，必不得不与人同忧，召之必至。’时安弟万为西中郎将，总藩任之重。安虽处衡门，其名犹出万之右，自然有公辅之望，处家常以仪范训子弟。……又于土山营墅，楼馆林竹甚盛，每携中外子侄往来游集，肴馔亦屡费百金，世颇以此讥焉，而安殊不以屑意。……安尝戒约子侄，因曰：‘子弟亦何豫人事，而正欲使其佳？’诸人莫有言者。玄答曰：‘譬如芝兰玉树，欲使其生于庭阶耳。’安悦。……建元之后，时政多虞，巨猾陆梁，权臣横恣。其有兼将相于中外，系存亡于社稷，负扆资之以端拱，凿井赖之以晏安者，其惟谢氏乎！……琰称贞干，卒以忠勇垂名；混曰风流，竟以文词获誉：并阶时宰，无堕家风。”这则案例讲的是东晋时期最负盛名的士族大家之一谢安一门家教与家学的基本情形。谢安40岁以前基本处于隐逸状态，面对政府的屡次征召均婉拒不就。谢安虽则闲居家中，却是颇为重视子弟们的家教，常以道德仪范规约训诲子弟。而当其后来出山为宦，且位居显要之时，亦是一仍其旧地关注子弟们的成长，其于名山幽林之处兴建别墅，并常常邀约子弟游集于此，以清谈雅颂为乐，即便世人有所讽议，谢安也是无所在意。谢安注重严格约束子弟，实是以期望子弟们的出类拔萃为计，其用心可谓良苦。公元360年，也即晋穆帝司马聃升平四年，隐居多年的谢安终于应征西大将军桓温之邀出山为官，出任其帐下司马一职，从而正式开始了此后约25年的辉煌政治生涯。实际上，东晋王朝早在晋康帝司马岳于公元342年登位之时，国家统治便已陷入多事之秋，内忧外患交织丛生，而也正是在谢氏一门的谢安和谢琰、谢玄、谢混等子侄孙辈们的苦心经营和竭诚支撑之下，偏安江南一隅的晋室江山才得以勉力维系和保全，而在此一动荡乱世中艰难为生的普罗百姓们也才获得了弥足珍贵的安定和康乐。由此而言，谢安之家族应当算得上是历代以来便一以贯之地追求齐家治国理想的世家大族的一大典范了。

又据《魏书·杨播列传第四十六》载：“杨播，字延庆，自云恒农华阴人也。……播家世纯厚，并敦义让。昆季相事，有如父子。其弟椿、津，尤恭敬。兄弟旦则聚于厅堂，终日相对，未尝入内。有一美味，不集不食。厅间往往帷幔隔障，为寝息之所，时就休息，还共谈笑。椿年老，曾于他处醉归，津扶持还室，假寐阁前承候安否。椿、津年过六十，并居台鼎，而津常旦暮参问，子侄罗列阶下，椿不命坐，津不敢坐。椿每近出，或日斜不至，津不先饭，椿还，然后共食，则津亲授匙箸，味皆先尝，椿命食，然后食。……

一家之内，男女百口，缌服同爨，庭无间言；魏世以来，唯有卢渊兄弟及播昆季，当世莫逮焉。……杨播兄弟，俱以忠毅谦谨，荷内外之任，公卿牧守，荣赫累朝，所谓门生故吏遍于天下。而言色恂恂，出于诚至，恭德慎行，为世师范，汉之万石家风、陈纪门法，所不过也。”这则案例讲的是北魏时期杨播兄弟一门家教与家学的主要状况。杨播、杨椿与杨津等杨氏兄弟一门，历来家教峻严家风淳朴，兄弟相处亲如父子，彼此之间情深义重。一家五服内亲属百口同饮共食，举家生活和睦无隙。杨播一家兄弟历经北魏孝文帝、宣武帝、孝明帝、孝庄帝等数朝，俱得高享尊位，门生故吏遍布天下，但兄弟等人却毫无居高自傲之态，始终保持庄重诚恳、谨言慎行的本色，足堪为世人模范。可以说，杨氏一门家教与家学的特色乃是独树一帜的，孝道与悌道在这里两相贯通、融为一体，兄待弟若子，弟奉兄如父。居家则兄友弟恭，相敬如宾；出仕则兄行弟效，相携共进。于此可见，除却秉持亲慈子孝的亲子之道外，能否奉行与之相辅相成的兄友弟恭的兄弟之道，对于像杨氏这样的士族大家得以维系家门的长久繁盛而言，亦会起到至关重要的影响，而这也恰是中国传统家教和家学的一项独有内容和特质所在。

绵延 360 余年的魏晋六朝堪称继春秋战国约 550 年的历史剧变之后的中国第二个社会大动荡与文化大变革时期，而世袭贵族大家集团则无疑是这两个历史时期中具有举足轻重影响的社会阶层力量，而在这两个历史时期中，无论是社会文化还是教师文化的发展则都不能脱离开世袭贵族大家集团这一社会阶层力量的影响来进行。但在这两个历史阶段中，同处于长期社会动荡与文化剧变之中的世袭贵族大家集团的发展面貌却又有着极大的不同和反差，其中最为突出的表现即是，春秋战国恰是世袭封建贵族集团逐步走向崩解的时代，而魏晋六朝却是世袭门阀士族集团不断迈向壮大的时代。而就中国传统教师文化在这两个时期发展所受世袭贵族大家集团的影响程度相比较而言，也体现出与两者之间所存反差高度一致的相关性。春秋战国时期的世袭封建贵族集团在对该时传统教师文化发展特质的影响上，力量实在是远比蓬勃兴起的诸子百家私学为弱，而魏晋六朝时期的世袭门阀士族集团则恰恰相反，其对传统教师文化发展特质所产生的影响则要比该时官学教育的影响强大许多。如果说，在春秋战国时代，由于官学教育的日渐衰微，原本由三代以来世袭封建贵族集团所一手操控的教师文化影响力逐步地被诸子百家私学学派所取代的话，而两汉时代的教师文化影响权又重新由以政府主导下的“儒学独尊”统治方略为核心内驱力的官学教师文化来加以掌控的话，那么，当魏晋六朝时代来临之际，伴随着社会动荡与文化剧变下的官学教育的废弛不振与官学教师文化的衰落式微，新兴世袭门阀士族集团则再次获得了影响教师文化发展的主导权。此一时期，在官学教育以及官学教师文化的日渐没落情形之下所反衬出的，则是门阀士族家教与家学发展的生机勃勃与蒸蒸日上。可以说，尊师重道的教师文化风尚的精神实质此时已悄然转移到了门阀士族家教与家学的生命机体之中，师道与家道、师教与亲教、育人与育子等则在这里凝合成了一种浑然一体、圆融无碍的存在与发展的新样态。

魏晋六朝时期，九品官人法的选士制度得以创立并日渐大行开来，而在这个过程中，其弊端和负面效应亦逐步显现出来，这也在很大程度上造成了此一时期教师文化的没落。

公元 220 年，即三国魏文帝曹丕黄初元年，魏国正式创行九品官人法的选士制度。而据《三国志·魏书·陈群列传第二十二》载：“制九品官人之法，群所建也。”可见，九品官人法乃是在魏国吏部尚书陈群的建议下创立并实施的。而至于魏国创行九品官人法的原因，则是多方面的，杨筠如先生曾指出三种主要原因，即：“（一）由于汉末察举的腐败……（二）由于汉末清议的激烈……（三）由于汉末政局的混乱”。[1] 具体而言就是，汉末察举选士

① 杨筠如著. 九品中正与六朝门阀［M］. 上海：商务印书馆，1930. 2-10.

制度弊病丛生，“举秀才不知书，举孝廉父别居”的选拔腐败情形愈演愈烈，官员选拔名不副实、尸位素餐的现象可谓比比皆是，察举选士已然名存实亡、难以为继；汉代历来注重乡论，且自东汉光武帝时起政府更加提倡敦历名节，而一班名士之流亦耻于与当权宦官为伍，故尤重清议和品题人物，及至汉末此风更盛，从而极大地激发了魏初九品官人法的创行；汉末以下战事多发，民众四散流徙逃难的情况很是常见，户籍人口的实际数目亦更加难以考定，由此使得察举选士的实施也便越发困难重重等。可见，九品官人法的选士制度在魏初的产生和运用，乃是社会与时代发展的一种必然选择结果，是有其充分合理性的。然而，伴随着九品官人法的正式创立和大力实行，其所带来的弊端和负面效应也逐步显现出来。及至西晋王朝建立，针对九品官人法弊病的批评意见可谓此起彼伏、不绝于耳。例如，尚书左仆射刘毅以及司空卫瓘与太尉汝南王司马亮等便曾先后上疏晋武帝司马炎详陈九品官人法之制的沉疴痼疾，并力主废除九品官人法之制而以乡举里选之古制代之。刘毅的劝进意见为：“今立中正，定九品，高下任意，荣辱在手。操人主之威福，夺天朝之权势。爱憎决于心，情伪由于己。公无考校之负，私无告讦之忌。用心百态，求者万端。廉让之风灭，苟且之欲成。天下讻讻，但争品位，不闻推让，窃为圣朝耻之。……由此论之，选中正而非其人，授权势而无赏罚，或缺中正而无禁检，故邪党得肆，枉滥纵横。虽职名中正，实为奸府；事名九品，而有八损。或恨结于亲亲，猜生于骨肉，当身困于敌雠，子孙离其殃咎。斯乃历世之患，非徒当今之害也。是以时主观时立法，防奸消乱，靡有常制，故周因于殷，有所损益。至于中正九品，上圣古贤皆所不为，岂蔽于此事而有不周哉，将以政化之宜无取于此也。自魏立以来，未见其得人之功，而生雠薄之累。毁风败俗，无益于化，古今之失，莫大于此。愚臣以为宜罢中正，除九品，弃魏氏之弊法，立一代之美制。疏奏，优诏答之。后司空卫瓘等亦共表宜省九品，复古乡议里选。帝竟不施行。”① 这里，刘毅指出，九品官人法流弊的成因即在于“立中正”与“定九品”两端。中正官虽名为中正，实为奸府，既不中也不正，一味以权谋私与弄虚作假，但又缺少对其的有效监督和惩戒，故致邪党横行，妄为肆虐。而九品之定，则是有名无实，做奸使诈，徒增争扰。因此，刘毅建议废除九品官人法而恢复先古时期的乡举里选制度，但晋武帝看过这道奏疏，虽然予以优诏答复，却并不采纳施行。倒是刘毅本人后来乃被大司徒和一干地方官员等极力向朝廷举荐出任了青州大中正一职，其在位时，勤勉致力于“选举人才，区别清浊”，政绩卓著，却是很好地履行和诠释了中正官一职的真正职责和价值。此外，卫瓘与司马亮等的劝进意见则为：“‘昔圣王崇贤，举善而教，用使朝廷德让，野无邪行。诚以闾伍之政，足以相检，询事考言，必得其善，人知名不可虚求，故还修其身。是以崇贤而俗益穆，黜恶而行弥笃。斯则乡举里选者，先王之令典也。自兹以降，此法陵迟。魏氏承颠覆之运，起丧乱之后，人士流移，考详无地，故立九品之制，粗且为一时选用之本耳。其始造也，乡邑清议，不拘爵位，褒贬所加，足为劝励，犹有乡论余风。中间渐染，遂计资定品，使天下观望，唯以居位为贵，人弃德而忽道业，争多少于锥刀之末，伤损风俗，其弊不细。今九域同规，大化方始，臣等以为宜皆荡除末法，一拟古制，以土断，定自公卿以下，皆以所居为正，无复悬客远属异土者。如此，则同乡邻伍，皆为邑里，郡县之宰，即以居长，尽除中正九品之制，使举善进才，各由乡论。然则下敬其上，人安其教，俗与政俱清，化与法并济。人知善否之教，不在交游，即华竞自息，各求于己矣。今除九品，则宜准古制，使朝臣共相举任，于出才之路既博，且可以厉进贤之公心，核在位之明暗，诚令典也。’武帝善之，而卒不能改。”② 从卫瓘与司马亮等所上的这封奏疏中可见，其认为，九

① 《晋书·刘毅传第十五》

② 《晋书·卫瓘传第六》

品官人法一制实是魏国所创用的一时权宜之计，并非长治久安之选。该制初推行时，尚有古时乡论清议之余风，不以官爵品阶为重，注意品评人物清浊贤庸，但此后则渐失清正，唯以角品逐位为尚，遂失古之遗韵，流弊泛起。由此，与刘毅的建议相似，卫瓘与司马亮等也主张废止九品官人法之制，而代之以先古圣王所实行的乡举里选之制。但与前次的结果类同，晋武帝虽也表达了对这一奏疏的肯定态度，却还是不能采用。如此前后两番奏疏，晋武帝不仅都未提出反对意见，更是予以赞同认可，但最终却均未能采纳实行，个中原因，耐人玩味。

宫崎市定曾指出："魏的九品官人法，本来属于纯粹的官僚性质，目的在于摆脱门阀而根据个人德才，拔擢合适的人才放在合适的职位上。然而，汉代以来一贯拥有社会势力的贵族主义转瞬之间就将此制度改变为贵族性质的制度，或者说九品官人法从实施当初开始就不能不颇具贵族式的运作方式。"① 清代赵翼在其所著《二十二史劄记·卷八·晋书》中亦如是讲道："真所谓上品无寒门，下品无世族。高门华阀有世及之荣，庶姓寒人无寸进之路。选举之弊至此而极。然魏晋及南北朝三四百年，莫有能改之者，盖当时执权者即中正高品之人，各自顾其门户，固不肯变法，且习俗已久，自帝王以及士庶皆视为固然，而无可如何也。"可见，九品官人法之制天生就带有贵族血统，这也成为其与生俱来的制度短板和无法自行清除的天然隐患所在，由此也便导致了其在具体实施过程中，非但不能全然实现摆脱门阀士族势力操控和掣肘的初衷，反倒会自然而然地倒向为门阀士族势力服务的方向，并最终为门阀士族势力集团所完全掌控和运用，成为其更好地维护自身集团整体利益的有力制度武器，而这也正是九品官人法选士制度之一切流弊所以不断产生以及始终无法彻底根除的真正根由所在。

① [日] 宫崎市定著，韩昇，刘建英译. 九品官人法研究：科举前史 [M]. 北京：中华书局，2008. 79.

毋庸讳言，九品官人法选士制度在魏晋六朝时期的创立和大行，为门阀士族出身的权贵子弟们的出仕之路更加打通了一条青云直上的坦途，但对于那些来自于庶族和寒门阶层的子弟们而言，这一制度则无异于是横亘于其面前的一道难以逾越的天堑鸿沟。而自两汉以来，无论是出身于贵族阶层还是平民阶层的士人们，均有望通过将学校教育和察举选拔这两种育才与选才途径的有效结合的方式即可获取功名利禄和锦绣前程的美好状况则已然一去不返。更加之九品官人法流弊丛生之下，根本无须厘定人才是否确然符实，即便是德亏才薄乃至无德无能之辈亦可凭借门第显贵而确保获取晋身，此辈人等也便更愿相信家门通天的特权力量，对于学校教育和师者群体的尊奉程度自然易于降低甚至全无。而另一方面，此种情形经久之下一旦衍成社会普遍惯习，那么，原本一般庶族与寒门等社会大众所简单信从的通过接受有效教育即可改变不利家世乃至出人头地的朴素愿望也便会屡遭重创直至彻底泯灭。而由此所带来的必然连锁反应也便是尊师重道的教师文化风尚的萎靡不振与日趋没落了。

第二节　隋唐教师文化的重振

公元 581 年，隋朝建立，并于公元 589 年正式统一全国，结束了自汉末以来 360 余年的分崩乱世。但隋朝类似于秦朝，可谓是中国历史上第二个国祚甚短的大一统王朝，其统治仅仅维持了不到 40 年，即于公元 618 年被唐朝取代，后者也便就此开始了近 300 年的漫长统治。与魏晋六朝相比，隋唐总体上是一个社会稳定、文化繁荣和教育发达的历史时期，加之此一时期九品官人法的废除与科举制的创行，门阀士族集团长期垄断官员选拔权利的局面被打破，庶族和平民阶层获得了更广泛的晋身仕途和改变命运的权利和机会。凡此种种，均构成了促进隋唐教师文化从魏晋六朝以来的没落走向重振的有利条件。与此同时，诸如王通、孔颖达、韩愈和柳宗元等一批具有强大社会影响力的教师精英人物的涌现，则对隋唐教师文化的重振起到了至关重要的推动作用。

王凤喈先生曾指出，隋唐教育与魏晋六朝相比较，主要有五点不同："第一，魏晋教育是消极的，隋唐教育是积极的，即是说魏晋人士多持消极的，悲观的，出世的态度，隋唐人士多是持积极的入世的态度。第二，隋唐教育较魏晋为普及，教育制度亦较完备。第三，隋唐人士少清谈的气习。第四，唐代教育较魏晋为注重实用。第五，在隋唐，南北学派渐趋统一，魏晋则界限甚为分明。"① 依王先生所见，隋唐时期士人的思想态度较之魏晋之时更显乐观积极，入世出仕的意愿亦更为强烈，士人群体中的清谈之风也大为减弱，而南北学派此时也由原来的分化隔离状态逐步走向融合统一的新样态，这些思想学术与教育发展的重要变化显见都是深受前后两个不同时代社会整体发展面貌和环境均已发生重大转变的影响使然。此外，隋唐时期的教育与魏晋相比，其普及度和完备度更高，实用性也更强。这种状况的出现，不仅体现出隋唐教育较之魏晋教育的进一步发展和完善，同时也反映出隋唐教育的整体发展取向和态势与魏晋教育相比已然发生根本转变，这实质上也彰显出隋唐教育较之魏晋教育所孕育而出的愈加蓬勃旺盛的生机与活力。郭秉文先生亦指出："唐祚几三百年，圣君、贤相辈出，励精图治，虽间有内乱外患，然不可不称为一代之治也。若诗赋，若文学，若教育，皆显特著之进步，一洗魏晋六朝浮华之弊。……唐时之学校制度，颇为完备。京师有国子学、太学、四门学、律学、书学、算学六学。……京师之六学，皆隶国子监。又有弘文馆与崇文馆，为贵族之学校，凡宰相及一品功臣之子，皆有资格入学焉。此外则广文馆，为考试进士者求学之所。京师学则研究五经之地也。地方之府

① 王凤喈著. 中国教育史大纲［M］. 长沙：湖南教育出版社，2008. 83.

州县俱设学校。……当时无论公私各学校，均以五经为主课。”① 郭先生将有唐一代视作清平治世，并特别指明唐代历代圣君贤相对此所做出的突出贡献，这一历史评断和分析可谓是恰如其分、切中实际的。而在这样的时代背景下，较之魏晋六朝而言，唐代学校教育发展之务实、丰富与完备的程度，亦是有了特别显著的增强和提升。故而，在隋唐教育水平对比魏晋六朝已取得质的飞跃和巨大进步的现实情形下，对于教师文化的发展实现从没落到重振的转变则必然是会产生直接而有力的推动作用的。

这里尤须关注和指明的一点即是，隋唐时期一批代表性的教师精英人物对于教师文化的重振实是产生了不可或缺的影响的，而其中又以王通、孔颖达、韩愈与柳宗元等几位的影响最为典型和重要。对于这个问题的梳理和解析，乃是我们有效把握隋唐教师文化重振状况的肯綮所在。

王通乃是隋唐时期一位具有深远影响的教师精英人物，从某种程度上而言，其算得上是推动隋唐教师文化得以重振的奠基性教师精英人物。而关于王通的生平事迹，在正史中并无专门传记记载，但在其孙王勃的传中却是对王通的生平活动进行了一番简要描述，其文曰：“祖通，隋蜀郡司户书佐。大业末，弃官归，以著书讲学为业。依《春秋》体例，自获麟后，历秦、汉至于后魏，著纪年之书，谓之《元经》。又依《孔子家语》、扬雄《法言》例，为客主对答之说，号曰《中说》。皆为儒士所称。义宁元年卒，门人薛收等相与议谥曰文中子。”② 在王通年仅 33 岁的短暂人生中，其政治生涯的时限亦是非常短促，一生中主要的时间均是以著书讲学为业的。王通去世后，为纪念老师，弟子们仿照《论语》的体裁和形式，编集成《文中子中说》一书，流传后世。而当下所能搜集和解读到的有关王通学术思想与教育活动的主要资

---

① 郭秉文著. 中国教育制度沿革史［M］. 福州：福建教育出版社，2007. 19-20.

② 《旧唐书·王勃传第一百四十》

料信息，也便来自于该书。

这里，便依据《文中子中说》一书中的一些相关言论和事迹来对王通教育活动的主要状况加以分析，并从中一探其对隋唐教师文化重振的独特影响究竟何在。

王通弟子贾琼曾有言曰："夫子十五为人师焉。"① 可见，王通的教师生涯要早于从政生涯，并且其弃官归隐后亦始终以此为业，直至去世。若此，则王通短暂一生的大多时光均是与教师一职相携为伴的。但关于王通十五岁即开讲席一说历来便有疑义，意见纷纭，莫衷一是。不过王通出身名门，世有家学，开蒙甚早，加之其天资颖悟、勤勉用功，到得15岁即可授徒讲学，倒也是讲得通的。又据王通另一弟子杜淹所撰之《文中子世家》载："门人自远而至。河南董常，太山姚义，京兆杜淹，赵郡李靖，南阳程元，扶风窦威，河东薛收，中山贾琼，清河房玄龄，巨鹿魏徵，太原温大雅，颍川陈叔达等，咸称师北面，受王佐之道焉。如往来受业者，不可胜数，盖千余人。隋季，文中子之教兴于河汾，雍雍如也。"据此可知，王通座下弟子常以千数，且其中不乏青年俊彦和四方英杰，讲席之盛，可谓一时空前。

王通本人的非凡魅力是其能够摄受众多门人弟子拜投座下的根本原因所在。如下这个案例便可清晰地看到这一点。

"子之韩城，自龙门关先济，贾琼、程元后。关吏仇璋止之曰：'先济者为谁？吾视其颡颓如也，重而不元；目灿如也，澈而不瞬；口敦如也，闳而不张；凤颈龟背，须垂至腰，参如也。与之行，俯然而色卑；与之言，泛然而后应。浪惊拖旋而不惧，是必有异人者也。吾闻之：天下无道，圣人藏焉，鞠躬守默，斯人殆似也。'程元曰：'子知人矣。是王通者也。'贾琼曰：'吾二人师之而不能去也。'仇璋曰：'夫杖一德，乘五常，扶三才，控六艺，吾

① 《文中子中说·卷九·立命篇》

安得后而不往哉?’遂舍职从于韩城。”① 王通来到韩城，从龙门关渡口先行过河，弟子贾琼、程元随后赶到，关吏仇璋即拦住二人询问前面过河去者乃是何人。此时的仇璋已然被适才王通之非同寻常的神态样貌和言谈举止，以及随行者对王通的谦卑恭敬态度和彼此间有礼有节、闳肆广博的谈话所深深感染与打动。在仇璋的眼中和感受中，王通俨然就是一位现实存在的天下无道则隐的圣人。因此一番偶遇，他也便如同贾琼、程元二人一直追随王通为师不能舍离那样，毅然决然地拜王通为师，并弃职而从了。

王通始终是一名以道自任的师者，他就此讲道：“吾于天下，无去也，无就也，惟道之从。”② 又言：“吾视千载已上，圣人在上者，未有若周公焉。其道则一，而经制大备，后之为政，有所持循。吾视千载而下，未有若仲尼焉，其道则一，而述作大明，后之修文者，有所折中矣。千载而下，有申周公之事者，吾不得而见也。千载而下，有绍宣尼之业者，吾不得而让也。”③ 王通所信从的道，即为儒家周孔之道，在他看来，周公之道乃为从政之圭臬，而孔子之道则为修文之标尺，两者本是一体，同当遵循。王通认为，周公之道于千载之下的政事中，已难得一见其申明发扬了。而当其之世，若要有荷担绍隆孔子之道者，则自己是当仁不让的。

然而，尽管王通“惟道之从”的志趣与行为虽可谓既坚且笃，但也并非能够轻易为所有弟子及旁人所充分理解和体认。以下这两个案例便足以说明这一点。

“房玄龄谓薛收曰：‘道之不行也，必矣。夫子何营营乎?’薛收曰：‘子非夫子之徒欤？天子失道，则诸侯修之；诸侯失道，则大夫修之；大夫失道，则士修之；士失道，则庶人修之。修之之道，从师无常，诲而不倦，穷而不

---

① 《文中子中说·卷八·魏相篇》
② 《文中子中说·卷二·天地篇》
③ 《文中子中说·卷二·天地篇》

滥，死而后已。得时则行，失时则蟠。此先王之道所以续而不坠也，古者谓之继时。《诗》不云乎：纵我不往，子宁不嗣音。如之何以不行而废也？’玄龄惕然谢曰：‘其行也如是之远乎？’”① 在这个案例中，房玄龄向薛收质疑王通在明知道之必不可行的大势所趋之下，却仍汲汲于行道的执求之举无异于是一种徒劳，而薛收对此疑问的一番解答则让房玄龄豁然开朗了。薛收指出，王通之所以行道不已、不废所行的原因，并不在于道之得行与否，而在于道之应行与否。如此，则上至天子贵胄，下至百姓庶民，无一人不可行道，亦无一时不应行道，有了机会，便将道大行于天下，没有机会，则以道独修于己身，直至死而后已。显见，薛收的如上想法，乃是与其师王通的心志暗合相通的，诚可谓是王通座下的印心弟子了。“王孝逸曰：‘惜哉！夫子不仕，哲人徒生矣。’贾琼曰：‘夫子岂徒生哉？以万古为兆人，五常为四国，三才九畴为公卿，又安用仕？’董常曰：‘夫子以《续诗》《续书》为朝廷，《礼论》《乐论》为政化，《赞易》为司命，《元经》为赏罚。此夫子所以生也。’叔恬闻之曰：‘孝悌为社稷，不言为宗庙，无所不知为富贵，无所不极为死生。天下宗之，夫子之道足矣。’”② 在这个案例中，王孝逸感叹老师王通虽为一代儒宗，却不能从政出仕，遗憾其未免空过此生。贾琼却并不认同王孝逸的观点，他强调老师所持奉的并非是表面形式上的所谓出仕之道，而是实质层面的大道之行意义上的真正出仕，又怎会空过此生呢？董常则认为，老师的一系列彰显大道之真谛的著述也即是真正意义上的政治所施了，而老师的人生也正是如此高远意境上的人生。王通之弟王凝得闻如上之语后亦指出，王通在将大道诸方面切实奉行的过程中，便已是在贯彻和践履着真实的政治与人生了，而天下亦均以王通之所行作为宗归所在，如此，则王通所信从和主张之道已是无所欠缺，完全具足的了。通过对如上几位王通的门生和兄弟围绕

① 《文中子中说·卷九·立命篇》

② 《文中子中说·卷八·魏相篇》

其是否应出仕问题所展开讨论的分析可见，一往无前地行走于大道之上的王通，在其弟子门生及旁人眼中，还是会存在不能被全然理解的状况，类此古来圣哲的行道之艰与传道之难，于中亦可见一斑。

概而言之，王通对于隋唐时期教师文化重振的贡献主要是体现在如下两个方面：其一为，通过对道的地位与作用的大力强化与申明，加之自己立身行道的突出表现，王通可谓是一举奠定了隋唐时期重新倡扬尊师重道的教师文化风尚的坚实基础。其二为，在王通个人的强大影响力感召下，其门下可谓一时雄才云集、精英荟萃，而通过培养和造就大批杰出弟子并进而由他们来深刻地影响国家与社会治理进程的方式，王通在某种程度上对初唐时期善政良治风貌的缔成亦可谓是功莫大焉的。据此，若称王通为隋唐教师文化重振的真正奠基者和开路先锋，应是毫不为过的。

孔颖达是隋唐时期另一位具有重要影响的教师精英人物。据《旧唐书·孔颖达列传第二十三》载："孔颖达，字仲达，冀州衡水人也。祖硕，后魏南台丞。父安，齐青州法曹参军。颖达八岁就学，日诵千余言。及长，尤明《左氏传》、《郑氏尚书》、《王氏易》、《毛诗》、《礼记》，兼善算历，解属文。同郡刘焯名重海内，颖达造其门。焯初不之礼，颖达请质疑滞，多出其意表，焯改容敬之。颖达固辞归，焯固留不可。还家，以教授为务。隋大业初，举明经高第，授河内郡博士。……补太学助教。……太宗平王世充，引为秦府文学馆学士。武德九年，擢授国子博士。贞观初，封曲阜县男，转给事中。……六年，累除国子司业。岁余，迁太子右庶子，仍兼国子司业。与诸儒议历及明堂，皆从颖达之说。……与颜师古、司马才章、王恭、王琰等诸儒受诏撰定《五经》义训，凡一百八十卷，名曰《五经正义》。太宗下诏曰：'卿等博综古今，义理该洽，考前儒之异说，符圣人之幽旨，实为不朽。'付国子监施行，赐颖达物三百段。时又有太学博士马嘉运驳颖达所撰《正义》，诏更令详定，功竟未就。十七年，以年老致仕。十八年，图形于凌烟阁，赞曰：'道光列第，风传阙里。精义霞开，掞辞飚起。’”孔颖达童蒙就学，诵读颇勤，长大之后，对于儒家《五经》尤为通晓明达，并擅长算数历法和文章写作。孔颖达曾造访同郡名儒刘焯，而刘焯对之的态度可谓前倨后恭，这种鲜明的态度变化也正如实地反映出孔颖达学术造诣的精深高卓与令人折服。此后，孔颖达先是以居家教授为业，后又相继出仕隋唐两朝，先后主要承担的政府职事，诸如河内郡博士、太学助教、文学馆学士、国子博士、国子司业等，也多是直接的教育工作或与之密切相关的学术与顾问工作。尤值一提的是，孔颖达还在唐太宗的诏令下，领衔撰定了《五经正义》这一权威的儒经文本系统，虽在孔颖达当生时，由于种种特殊原因，未能亲见《五经正义》的正式颁行和实施，但在历经了几番波折和反复修订后，这一体例精严而又卷帙浩繁的权威儒经文本系统最终还是在孔颖达去世五年之际，正式得以在各级官学及私学中广泛流通使用，并成为各级学校教育和科举考试所必须依凭的标准化教材与考本所在，从而对有唐一代的学校教育和科举考试产生了独一无二的深远影响。因此，孔颖达之于唐代教师文化重振的独特贡献，从某种程度上而言，主要乃是通过《五经正义》在学校教育和科举考试中所具有的权威地位及其深远影响而得以实现的。

在孔颖达退职离位后的第二年，政府曾为其在凌烟阁画像以示表彰，而在画像的题赞中，则赞美其是道德光辉普照世间、高尚风范遍传乡里、精深义理霞光四射、华丽文采喷薄漫涌的一代儒宗，能够获得如此高规格的评价，从孔颖达的一生行迹表现来看，亦是实至名归的。而对孔颖达所塑造的教师形象及其所取得的教师成就，以及对其在隋唐教师文化重振中所发挥作用和所做出贡献的解读和审视，亦可从如上一番孔颖达画像题赞的评价意见中获得某些独特而深刻的启示。

中晚唐时期的韩愈，乃是继隋代王通和初唐孔颖达之后的另一位具有重要社会影响力的教师精英人物，并且，若以对推动隋唐教师文化实现重振所发挥的具体作用而言，韩愈则应算得上是居于承上启下地位的核心性教师精英代表人物了。

据《新唐书·韩愈列传第一百一》载："韩愈，字退之，邓州南阳人。七世祖茂，有功于后魏，封安定王。父仲卿，为武昌令，有美政，既去，县人刻石颂德。终秘书郎。愈生三岁而孤，随伯兄会贬官岭表。会卒，嫂郑鞠之。愈自知读书，日记数千百言，比长，尽能通《六经》、百家学。擢进士第。……操行坚正，鲠言无所忌。调四门博士，迁监察御史。上疏极论宫市，德宗怒，贬阳山令。有爱在民，民生子多以其姓字之。……元和初，权知国子博士，分司东都，三岁为真。……愈性明锐，不诡随。与人交，始终不少变。成就后进士，往往知名。经愈指授，皆称'韩门弟子'，愈官显，稍谢遣。"韩愈的一生可谓磨难丛生，命运坎坷。其虽也出身于世代官宦之家，但却幼承不幸，3 岁便遭丧父之痛，乃由长兄韩会抚养，12 岁时，韩会亦去世，即由其嫂郑氏养育成人。韩愈自以幼孤之身，从小即知发奋学习、刻苦读书，日有所成。及其长大，对于《六经》与诸子百家之学已是尽能通晓明达，了然于胸。后经四次科考，方得中第。之后虽也经人举荐担任过若干政府职事，但却也不得不经历四次吏部试，最终才艰难通过铨选，也才方算名正言顺地成为仕途中人了。韩愈为人操行高洁，秉性刚直，出言无忌，每每见罪于君上及抵牾于同僚，由此屡遭贬谪与排挤，官场之上颇不得志。但韩愈却也并不以此为意，消沉自闷，反倒愈加勇猛直前。韩愈曾先后担任过四门博士与国子博士等官职，此皆为唐代国子监下属之高级学府中的专门教职，韩愈能够胜任其职，亦足见其才干学识之出众。此外，韩愈也常常乐于扶掖提携青年后进成就功名，凡经过其指点和帮助过的后学们皆自称为"韩门弟子"。综上，韩愈的一生可谓是亦师亦官，多舛多艰而又无所虚度的一生。若以沉潜厚朴和刚猛雄劲来分别形容韩愈为师与为官的基本特色，应是较为切近的。论其率身垂教，则不失为沉潜厚朴之良师；论其布政施治，则不失为刚猛雄劲之能臣。而两相比较之下，因其个性与际遇使然，为师则更显成功，为官却多有失意。由此，韩愈留存于历史长河中的典型化个体形象，乃是师者，而非政者。而在师者这一角色身份上，韩愈之于隋唐教师文化重振所做出的最大贡献，即是其所提出的基于道与师两者有机结合的系统化的师道观。在韩愈所撰写的两篇经典文章《原道》与《师说》中，其简明扼要地把这一系统化的师道观清晰地表述了出来。特别是《师说》这篇论师问题专文的问世，虽是篇幅短小，但在中国传统教师文化问题的探讨上，则可谓是一篇具有承上启下意义的里程碑式的经典文献。在此文之前，虽不断有过对教师问题的论说，但多为夹议或散论式的出现，并未形成专文论述，诸如《论语》《孟子》《荀子》《学记》《法言》等著述中的相关议论，均属此等情况。而在此文之后，受其影响，历代而作的论师问题的专文则如雨后春笋，层出不穷，其中亦不乏一批精品之作，如明代黄宗羲的《广师说》与《续师说》以及清代章学诚的《师说》等。可以说，韩愈的《师说》一文不仅有效吸纳和总括了其前历代相关问题论说的精蕴和要义，并一举开启和奠定了其后历代相关问题论说的门径和基调，从而使得师道问题由此真正成为一个引人瞩目、蔚为大观的专门研讨领域，韩愈其人其文的贡献自是有目共睹的了。

在《师说》一文中，韩愈开门见山即指出："古之学者必有师。师者，所以传道、授业、解惑也。"又言："是故无贵无贱，无长无少，道之所存，师之所存也。嗟乎！师道之不传也久矣，欲人之无惑也难矣。古之圣人，其出人也远矣，犹且从师而问焉。今之众人，其下圣人也亦远矣，而耻学于师。是故圣益圣，愚益愚，圣人之所以为圣，愚人之所以为愚，其皆出于此乎！"又言："圣人无常师，孔子师郯子、苌弘、师襄、老聃。郯子之徒，其贤不及孔子。孔子曰：'三人行，则必有我师。'是故弟子不必不如师，师不必贤于弟子。闻道有先后，术业有专攻，如是而已。"从《师说》的如上三处关键表述中，可以看出韩愈系统化师道观的基本逻辑理路构思：首先，韩愈是主张师以道为本的，因此，道存师亦存，反之，道无师亦无。故而，道是决定师之存无的根本依据所在，那么，师者以传道为己任则亦是顺理成章、势所必然的角色与职责要求了；其次，韩愈指明，古之学者必得以尊师拜师为求学问道之要务，即便是古之圣人亦是如此，但之后，人们却渐以求师问教为耻了，至其所处时代，情况更是每况愈下、蔚然成风了。如此，则师道之不传，乃是由来已久的，而圣愚之分殊，也愈加显而易见了。最后，韩愈强调，闻道先后与术业专攻乃是师弟子关系得以成立的根本依据所在，因此，唯有学无常师乃至不耻下问等，方能使得师道重兴，道亦由此可得而再传。显见，在韩愈师道观的整体逻辑建构体系中，道乃是居于核心地位的第一重要元素，而师则是道之承传所不可替代的关键载体要素，而虚心拜师求教则是道和师道能够得以顺利承传所必不可少的基本态度和行为保障。由此不难推测，若如上三点均可得到切实体认，并有效贯彻落实于实践之中，则师道失传已久的状况定可改观，而师道重兴的愿景亦可得以实现。而在韩愈所处时代，恐怕最难改善的一点即是士大夫阶层风行已久的耻于拜师求师的虚浮态度和固执行为。实际上，如果此类前提性和保障性问题不能得到真正解决，那么，所谓对道、师和师道的重要意义和价值的认同和索求也就不可避免地会落空。

此外，这里还需特别关注的一点就是，在韩愈的师道观体系中，其最为看重的道的本质意涵究竟为何呢？对这个问题的追索和解答，乃是探明韩愈师道观体系之堂奥的关要所在。在《原道》一文中，韩愈曾如是讲道："夫所谓先王之教者，何也？博爱之谓仁，行而宜之之谓义；由是而之焉之谓道，足乎己无待于外之谓德。……其为道易明，而其为教易行也。"在韩愈看来，道乃为所有仁义之行为的总和，也即为一切博爱与行宜之行为的总和，而仁、义、道三者再加之无所内亏的明德，也便是尧、舜、禹、汤、文、武、周公、孔、孟等历代先王圣贤所一脉相承的易明之道和易行之教的总纲所在了。因此，韩愈所倡扬的道实质上就是正统儒家的治教一体的内圣外王之道，而其就这一问题上对隋唐教师文化之重振所做出的最大贡献即在于，将师视作内圣外王之道承传的不可替代的核心载体，这也便使得尊师与重道两者之间构成了一种一体共存、荣损与共的相辅相成关系，而尊师重道的教师文化风尚至此也便经由韩愈的大力倡扬而再度获得了新生和重振的绝佳历史契机。

中晚唐时期的柳宗元乃是推进隋唐教师文化得以重振的另一代表性教师精英人物。晚唐诗人杜牧在《冬至日寄小侄阿宜诗》中曾有云："高摘屈宋艳，浓薰班马春。李杜泛浩浩，韩柳摩苍苍。近者四君子，与古争强梁。"杜牧在此诗中将韩愈、柳宗元相提并论，并称扬两人之文章犹如茫茫苍天般辽阔雄远、广博高深。韩柳二人乃是同道中人，而在隋唐教师文化重振的过程中，两人亦是各显其能，齐头并进。韩柳二人之师名与其文名一样，俱为一时之盛，同得流芳后世。

据《旧唐书·柳宗元列传第一百一十》载："柳宗元，字子厚，河东人。后魏侍中济阴公之系孙。曾伯祖奭，高祖朝宰相。父镇，太常博士，终侍御史。宗元少聪警绝众，尤精《西汉诗骚》。下笔构思，与古为侔。精裁密致，璨若珠贝。当时流辈咸推之。登进士第，应举宏辞，授校书郎、蓝田尉。贞元十九年，为监察御史。……元和十年，例移为柳州刺史。……柳州土俗，以男女质钱，过期则没入钱主，宗元革其乡法。其已没者，仍出私钱赎之，归其父母。江岭间为进士者，不远数千里皆随宗元师法；凡经其门，必为名士。"柳宗元出身于名门世家，其天资卓绝，少即聪颖过人。行文运思，颇有古风，精密细致，文采灿然，引得一干同辈共加推重。柳宗元于弱冠之年即中进士第，后又通过吏部试，相继得授校书郎、蓝田尉、监察御史、礼部员外郎、邵州刺史、永州司马和柳州刺史等职。与韩愈锋芒毕露、不让尊上的耿介刚直个性相比，柳宗元的性格则更显沉潜静默、宽和厚道。因此，其仕途生涯中虽也屡遭贬谪，但较之韩愈而言，还是要平顺不少。柳宗元每到一地任官，总能造福一方百姓，因此在民间颇有美誉。同时，柳宗元也颇为注重讲学教化，策励后进，其在任柳州刺史时，长江至岭南之间想考进士的人不惜千里之遥来追随柳宗元求学问教，而凡经过他点拨栽培的人，必定能够成为名士，再加之柳宗元的文章一贯便为人所重，流通很广，不由得声望鹊起，美名远扬。通过对柳宗元生平经历的如上一番梳理，从中我们可以发现一种非常有趣的现象，那就是，柳宗元一生的为人处事风格始终是坚持以仁厚为本的，而无论是为官抑或为师，亦无不如此。这种风格与韩愈相比可谓是迥然有别，若具体就二人所示现的教师形象特点来说，韩愈的教师形象颇显刚猛，而柳宗元的教师形象则更为宽柔。但历来即将韩柳并称，其实这主要还是基于二人对于唐代古文运动所产生旗鼓相当的重要影响角度来考虑的。若转从二人对隋唐教师文化重振所产生影响的角度来考虑的话，两者虽仍可相提并论，但各自所具体发挥的作用细究起来还是有所不同的，韩愈所起到的更多是振聋发聩式的策进作用，而柳宗元所起到的则更多是和风细雨式的滋养作用，这两种不同作用的交相融合，也才如实呈现出二人共同推进隋唐教师文化得以重振的完整演化面貌。

柳宗元有关师道问题的经典文章主要有《答韦中立论师道书》《答严厚舆秀才论为师道书》与《师友箴》等三篇，而柳宗元师道观的基本特色也主要便是通过这三篇文章来得以展现的。

在《答韦中立论师道书》一文中，柳宗元如是讲道："仆自卜固无取，假令有取，亦不敢为人师。……由魏、晋氏以下，人益不事师。今之世，不闻有师，有辄哗笑之，以为狂人。独韩愈奋不顾流俗，犯笑侮，收召后学，作《师说》，因抗颜而为师。世果群怪聚骂，指目牵引，而增与为言辞。愈以是得狂名，居长安，炊不暇熟，又挈挈而东，如是者数矣。"柳宗元在这里首先明示了自己不敢居于人师之位的基本立场，同时也点明了魏晋以来师道日益不振的实际状况，并大力肯定了韩愈逆流抗颜，敢为人师的非凡胆魄。但柳宗元对于韩愈因其一番激扬师道的非常之举，而遭致世人群起咒骂污蔑，无端背负狂人之名，四处投身但却归处无门的落魄窘况，似乎也只能是报以满腹同情却又无可奈何的。

而在《答严厚舆秀才论为师道书》一文中，柳宗元也表达了类似的师道主张："仆聊歌以为箴，行且求中以益己，栗栗不敢暇，又不敢自谓有可师乎人者耳。若乃名者，方为薄世笑骂，仆脆怯，尤不足当也。内不足为，外不足当，众口虽恳恳见迫，其若吾子何？……仆才能勇敢不如韩退之，故又不为人师。人之所见有同异，吾子无以韩责我。"在这篇文章中，柳宗元再次重申了自己不愿空负师者之名，却又因为无有师者之实，反致招来世人讥讽笑骂的下场。并且，柳宗元认为，自己的才能胆魄均比不上韩愈，因此也就更加不敢以为人师了。

在如上两篇文章中，柳宗元都主要在强调自己的一个非常明确的师道观点，即，不图人师之虚名，只重人师之实行。可见，柳宗元其实并不避讳居于人师之位，他所真正反对的乃是空有师者之名，却无师者之实的所谓假人师头衔，这样的虚假头衔加之于身，与其说是一种荣耀，不如说是一种羞辱，这显然是柳宗元所不能接受的。

此外，在《师友箴》一文中，柳宗元则又明确提出了但凡能够行乎中道者，便可以之为师的基本主张，即所谓："中焉可师，耻焉可友，谨是二物，用惕尔后。道苟在焉，佣丐为偶；道之反是，公侯以走。"可见，柳宗元的这一观点与韩愈的"道之所存，师之所存"的观点乃是如出一辙、交相呼应的。这同时也显示出，韩柳二人关于师道问题之探讨的最终落脚点，还是不约而同地立在了"以道为本"这一根本诉求之上了，而也正是在这一重意蕴上，将韩柳二人视作齐心协力推动隋唐教师文化由没落走向重振的同道中人，则是再恰当不过的了。

第四章　理学、科举与书院影响下的中国传统教师文化变革

第一节　理学影响下的中国传统教师文化变革

“我国学术思想，在周秦之际，勃然奋发，为创造时期。自两汉迄隋唐，无大进展，为因袭时期。迨宋代周张诸子出，遂组织清新之理学；直至于明，大儒辈出，在学术上放一异彩，世称之曰宋明理学。”① 宋明理学时代，可谓是中国学术史上自春秋战国诸子百家时代之后，又一个学术发展大放异彩和繁荣兴盛的时代。中国传统教师文化的发展也伴随着理学时代的来临迎来了一次全新的历史嬗变。从北宋中叶至清代前期的近 700 年间，周敦颐、程颢、程颐、朱熹、王守仁、黄宗羲等理学大儒纷纷出兴于世，他们无论是在理论上还是实践上，均以其理学家同时也是模范师者的身份和形象对此一时期中国传统教师文化的变革进程产生了积极而深刻的影响，而这些影响则主要又可从如下三个方面来展开探讨和解析。

其一，重新确立了道在传统教师文化变革中的核心地位。

---

① 蒋维乔，杨大膺著. 宋明理学纲要［M］. 长沙：岳麓书社，2010. 1.

可以说，理学影响之下的传统教师文化变革得以再度确立了道的核心地位，而这主要又是通过理学大儒们对道所蕴之理的阐发，以及对道之切身践履来加以体现的。

程颐指出："天下之理，终而复始，所以恒而不穷。恒，非一定之谓也，一定则不能恒矣。惟随时变异，乃常道也。天地常久之道，天下常久之理。非知道者孰能识之?"① 在程颐看来，天地之道和天下之理均因其随时变异而得常久，而明道者亦当以此规矩，方能暗合道妙，恒而不穷。可见，所谓道之一以贯之，并非在一成不变的一以贯之，而正在变动不居的一以贯之。不明此义，也便无由洞彻道之妙理。程颐又言："圣人之道，坦如大路，学者病不得其门耳。得其门，无远之不到也。求入其门，不由于经乎？今之治经者亦众矣，然而买椟还珠之蔽，人人皆是。经所以载道也，诵其言辞，解其训诂，而不及道，乃无用之糟粕耳。"② 周敦颐亦云："圣人之道，入乎耳，存乎心。蕴之为德行，行之为事业。彼以文辞而已者陋矣。"③ 程周二人所见可谓如出一辙，二人均主张，成贤入圣之道的实质乃在于修己成人，达臻至善，倘只以治经习文为务，则无异于舍本逐末、买椟还珠，乃是一种不得其门而入的愚痴之举。

综上，道所蕴之理主要有二：一者为，道必因时而异、与时俱变，以显其恒常无穷；另一为，道必以德为基、以行为本，以明其普适群伦。因此，能够守常知变、修身践行者，即为明道达理之人。

理学大儒对道之切身践履是突显道在理学影响下的传统教师文化变革中所居核心地位的另一基本体现方式。以下，可通过《宋史》中对几位理学大儒生平事迹所做出的若干评价之语来对此方面加以具体解析。

---

① 《近思录·卷一·道体》

② 《近思录·卷二·为学》

③ 《近思录·卷二·为学》

据《宋史·道学一·周敦颐列传第一百八十六》载，周敦颐去世后，黄庭坚对其一生的行迹表现给予了极高评价，他评价周敦颐道："人品甚高，胸怀洒落，如光风霁月。廉于取名而锐于求志，薄于徼福而厚于得民，菲于奉身而燕及茕嫠，陋于希世而尚友千古。"黄庭坚由衷赞叹周敦颐是一位品格高尚、襟怀洒脱、光明磊落，如同光风霁月一般的人。他还赞扬周敦颐为人淡于求名而锐于求志，且并不在意一身之福禄有无，只是看重民心之得失与否。此外，周敦颐平素待己甚薄，而对孤寡之人却是关爱有加，其亦不好迎合世俗但却以交友千古为尚。可以说，通过此处黄庭坚简而有当的寥寥数笔勾勒，周敦颐之圣贤君子形象的风采便得活灵活现地跃然纸上了，而周敦颐所塑造出的这样一种道高德厚、高风亮节的师者形象，自然也是令人至为仰止和无限神往的。

又据《宋史·道学一·程颢列传第一百八十六》载："颢资性过人，充养有道，和粹之气，盎于面背，门人交友从之数十年，亦未尝见其忿厉之容。遇事优为，虽当仓卒，不动声色。自十五六时，与弟颐闻汝南周敦颐论学，遂厌科举之习，慨然有求道之志。……颢之死，士大夫识与不识，莫不哀伤焉。"并据《宋史·道学一·程颐列传第一百八十六》载："颐于书无所不读。其学本于诚，以《大学》、《语》、《孟》、《中庸》为标指，而达于《六经》。动止语默，一以圣人为师，其不至乎圣人不止也。张载称其兄弟从十四五时，便脱然欲学圣人，故卒得孔、孟不传之学，以为诸儒倡。其言之旨，若布帛菽粟然，知德者尤尊崇之。……平生诲人不倦，故学者出其门最多，渊源所渐，皆为名士。"

如上两则材料是《宋史》中对周敦颐的两位高足程颢与程颐兄弟生平事迹所做的若干评价之语。二程兄弟于十几岁时即由父亲程珦荐介，拜投周敦颐门下为徒。在周敦颐的教诲点拨下，兄弟二人遂同发求索大道、学为圣人的鸿鹄之志，并终得孔孟之道的真传。二程兄弟学有所宗、兼收并蓄，以诚为本、注重实德，颇具学养俱优、和粹超然之圣贤气象。平生数十年间，无论是从师、交友还是授徒，兄弟二人亦均是有所持守，不逾规矩，待人宽和，为人称道的。而从程颢、程颐两位理学大儒身上，亦能够很清晰地看到“道存师存，道师合一”的儒家师道理想的一种鲜活现实体现。

其二，理学家们所奉行的实践范式体现出治身与治世合一以及内求与外化一体的基本表征。

吕思勉先生曾指出：“理学家之学，于理求其至明，于行求其无歉。然二者又非二事，明理者，所以定立身之趋向；立身者，所以完明理之功用也。抑此非徒淑身，施之当世，亦无亏慊。以天下惟有一理，治身之理，即治世之理也。”① 这里，吕先生乃是将理学家们所奉行的致力于理之探求的基本实践范式视作是治身与治世合一的。显见，吕先生的这一观点与那些易于将理学之理全然认定是一种内明之理的主张是有所不同的。无独有偶，钱穆先生关于理学之理乃在于内外一体的明确论张，则可与吕先生的上述观点交相契合。钱先生讲道：“理学家在当时，自称其学曰道学，又称理学，亦可称曰性道之学或性理之学，又可称为心性义理之学。政事治道、经史博古、文章子集之学比较皆在外，皆可向外求之，而心性义理之学，则一本之于内，惟当向内求，不当向外求。”② 又言：“儒家言人道，本之天性。性所表现曰心，曰情。而心统性情，尤为主要。故为学更重心。心有生命，有成长。心有学，为道心。心不学，为人心。道心惟微，人心惟危。故必存其道心使不亡，养其善性使日成；而后七情得中，而天下和。故存心养性，为中国儒家讲学主要一纲目。……陆象山论学最主心。明代王阳明继之。陆王之学，亦称心学，均偏重存养。朱子则存养与格物穷理并重，始为内外交尽，心物并重，得儒

① 吕思勉著. 理学纲要［M］. 长沙：岳麓书社，2010. 203-204.

② 钱穆著. 朱子学提纲［M］. 北京：生活·读书·新知三联书店，2002. 16.

家孔孟之正传。《中庸》所谓尊德性道问学，惟朱子为得其全。”① 在钱先生看来，理学固然可称之为心性义理之学，如此则内求其心乃为求理明道之必然途径，但理学又不尽然为一味内求心性义理之学，同时也是穷究外在事物之理之学。故而，钱先生强调，理学乃是内外一体之学，既要存心养性以明其德，又要即事即物以穷其理。

以治身与治世合一以及内求与外化一体为基本表征的实践范式又当如何具体来展开？关于这个问题，理学家们亦是有着深入思考和明确设计的。

程颢指出：“治天下，以正风俗、得贤才为本。宜先礼命近侍贤儒及百执事，悉心推访有德业充备、足为师表者，其次有笃志好学、材良行修者，延聘敦遣，萃于京师，俾朝夕相与讲明正学。其道必本于人伦，明乎物理。其教自小学洒扫应对以往，修其孝弟忠信，周旋礼乐。其所以诱掖激励渐摩成就之之道，皆有节序。其要在于择善修身，至于化成天下。自乡人而可至于圣人之道，其学行皆中于是者为成德。取材识明达可进于善者，使日受其业。择其学明德尊者为太学之师，次以分教天下之学。择士入学，县升之州，州宾兴于太学，太学聚而教之，岁论其贤者能者于朝。”② 程颢向朝廷所建议的这个国家治理方案，具体是围绕着如何培养、选拔和使用贤才这个核心问题来设计和展开的。他强调，天下与国家治理的根本乃在于敦化风俗与获得贤才。而为达此目的，则需礼命朝廷中的近侍贤儒和百官大臣们推荐和访求品德高尚、足为师表者以及笃志好学、德才兼备者，悉皆予以延聘遣送，将其聚集荟萃于京师首都，以使之相互朝夕讲明正学。而此等贤才所依循的是归本人伦、明达物理之道，所实施的是训习洒扫应对、修明孝悌忠信、周旋礼乐文明之教，所运用的是启发引导、循序渐进之法，所遵行的是择善修身、

① 钱穆著. 宋代理学三书随劄［M］. 北京：生活·读书·新知三联书店，2002. 143.

②《近思录·卷九·治法》

化成天下之旨。如此这般，乃可使人由凡庶而臻于圣贤，有学有行而实现成德的目的。程颢主张，要选取那些品学兼优的可造之材来此深造，并把德才大小不等的可用之人分别任命为自太学至州县学之大小各级学校之师，以使其广开教化门径，为国育才选才。从程颢所设计的这个国家治理方案中不难发现，在他看来，国家治理的成败得失实际上均是系于贤才之有无的，而所谓贤才也便是那些既能治身有得，又能治世有成的两相一体、完美结合的理想化人物。而这些理想化人物的一个鲜明角色身份就是师者，由这一重意向上而言，类似于程颢这样的理学大儒们所追求的一个国家治理的理想化目标，就是要重视和发挥师者在对国家所急需人才的培育、选拔和使用上所具有的不可替代作用。而也正因此，师者们能否将“独善其身”与“兼善天下”的双向发展样态，有机融通为两者一体化达成的发展结果，也便成为理学时代的师者们所必须要审慎思考，并要努力担负的使命和责任。此外，明代理学大儒王守仁所提出的方案，亦与程颢的如上方案有异曲同工之妙。王守仁指出：“天下之人心，其始亦非有异于圣人也，特其间于有我之私，隔于物欲之蔽，大者以小，通者以塞，人各有心，至有视其父、子、兄、弟如仇雠者。圣人有忧之，是以推其天地万物一体之仁以教天下，使之皆有以克其私，去其蔽，以复其心体之同然。其教之大端，则尧、舜、禹之相授受，所谓‘道心惟微，惟精惟一，允执厥中’；而其节目，则舜之命契，所谓‘父子有亲，君臣有义，夫妇有别，长幼有序，朋友有信’五者而已。唐、虞、三代之世，教者惟以此为教，而学者惟以此为学。”① 这里，王守仁从其特有的心学化的理学观出发，将天地万物之本体与人之心体以“仁”一体贯通。在其看来，倘若学者向内力求胜私复理、求仁得仁的话，那么，其向外则亦要推己及人、敦伦尽分。正所谓一体同仁，内外一如。王守仁特别点明，这样一种情形，

---

① 《传习录中·答顾东桥书》

其实早在尧舜与三代之时，即已是教之所以为教以及学之所以为学的大端与要节所在了。由此可见，即便王守仁的理学观是立足于以心为本论的基础之上的，这种特质似乎向来便与程朱一派的基本观点存在着某种龃龉之处，但在学者、师者与政者等应当如何有效处理和建构修自与教他、内求与外化以及治身与治世的关系问题上，王守仁依然是与程朱一派的相关主张保持着高度一致性，这也在某种程度上反映出宋明理学大儒们在以明理达道为旨归的理学实践范式的具体运用上，其实乃是殊而未分、不谋而合的。

其三，形成了以道统传续为根本价值取向的有因有革的师承文化谱系。

早在中唐时期，韩愈就特别申张了师生关系应基于道统传续而加以构建的根本价值取向诉求。但这一诉求，应当说是在宋明理学时代才得以真正达成。而在此一时期所出现的像《宋史·道学传》《宋元学案》与《明儒学案》等学术史体例的代表性文本中便有诸多基于这一根本价值取向诉求的典型表达意见和主张。

例如，在《宋史·道学一·周敦颐、程颢、程颐、张载（弟）戬、邵雍列传第一百八十六》中，开篇即对所谓道学自古至宋的历史演变轨迹以及历代师弟子之间对道统的承传问题进行了一番简明梳理和交代，其文曰："'道学'之名，古无是也。三代盛时，天子以是道为政教，大臣百官有司以是道为职业，党、庠、术、序师弟子以是道为讲习，四方百姓日用是道而不知。是故盈覆载之间，无一民一物不被是道之泽，以遂其性。于斯时也，道学之名，何自而立哉。文王、周公既没，孔子有德无位，既不能使是道之用渐被斯世，退而与其徒定礼乐，明宪章，删《诗》，修《春秋》，赞《易象》，讨论《坟》《典》，期使五三圣人之道昭明于无穷。故曰：'夫子贤于尧、舜远矣。'孔子没，曾子独得其传，传之子思，以及孟子，孟子没而无传。两汉而下，儒者之论大道，察焉而弗精，语焉而弗详，异端邪说起而乘之，几至大坏。千有余载，至宋中叶，周敦颐出于舂陵，乃得圣贤不传之学，作《太极图说》

《通书》，推明阴阳五行之理，命于天而性于人者，了若指掌。张载作《西铭》，又极言理一分殊之旨，然后道之大原出于天者，灼然而无疑焉。仁宗明道初年，程颢及弟颐实生，及长，受业周氏，已乃扩大其所闻，表章《大学》《中庸》二篇，与《语》《孟》并行，于是上自帝王傅心之奥，下至初学入德之门。融会贯通，无复余蕴。迄宋南渡，新安朱熹得程氏正传，其学加亲切焉。大抵以格物致知为先，明善诚身为要，凡《诗》《书》，六艺之文，与夫孔、孟之遗言，颠错于秦火，支离于汉儒，幽沉于魏、晋六朝者，至是皆焕然而大明，秩然而各得其所。此宋儒之学所以度越诸子，而上接孟氏者欤。”据此可知，所谓道学，虽是自古无所称名，但其实行却是由来已久。三代文明盛世之时，君王天子以是道治国，百官职事则以是道为业，老师弟子亦以是道讲习，四方百姓虽于人伦日用之中须臾不离是道，但却不能自知其道。及至文王、周公之后，得是道以传者，乃为孔子。孔子虽无由得借政力之助以推行是道于天下，却能凭借一己布衣之身以著述讲学之素业将是道传递于无穷，并使之昭明于永恒，论其功当更在历代圣王之上。孔子所沿承之道又经由曾子、子思一路传至孟子，但其后千余载之下，是道却皆难得其传，几近湮没无闻。迨至北宋周敦颐、张载、程颢、程颐以及南宋朱熹等理学大儒的相继出兴于世，道学方才再度得以延续并大放光彩，而道学体系之建构也是显得井然有序、各得其所。故而，宋代理学大儒们于推动“道学”发展上所建立的功业实是要超越于孟子之下历代诸子的。克实而论，将如上这样类似于道学沿革简史性质的文字内容放置于宋代理学诸子列传之前，并冠之以“道学传”的总名，个中所蕴含的师承文化谱系意味乃是颇值深究的。

又如在《宋元学案》的编纂体例中，在每一学案之首，均编制了一张该学案自案主以下的历代学术师承传授表，从而将该学案中各人物之间的师承渊源关系标示得非常清晰，令人一目了然。其下再逐一呈列每一学案案主的本传及其著述，以及案主之门人乃至私淑弟子等的传记及其著述，而在案主本人及其弟子门人的传记以及各自著述中，亦可看到师生之间基于道统传续之价值取向诉求的师承关系建构特质。这里，以《宋元学案·龟山学案》为例来做一简要分析，即可从中明显地体会到这一点。《宋元学案·龟山学案·文靖杨龟山先生时》载："杨时，字中立，南剑将乐人。熙宁九年进士，调官不赴，以师礼见明道于颍昌。明道喜甚，每言杨君会得最容易。其归也，目送之曰：'吾道南矣！'明道没，又见伊川于洛，先生年已四十，事伊川愈恭。一日，伊川偶瞑坐，先生与游定夫侍立不去。伊川既觉，则门外雪深一尺矣。"又《宋元学案·龟山学案·龟山门人·主簿萧先生颤》载："萧颤，字子庄，浦城人。天资质朴，少孤，事母以孝闻。母丧，庐墓有灵芝之异。与李郁、陈彦同受业于龟山。尝答范某书云：'士之所志，舍仁义何为哉！惟仁必欲熟，义必欲精。熟，则造次颠沛有所不违；精，则利用安身而德崇矣。'晚以累举得官，为清流县主簿。终岁而归，徜徉闾里。朱韦斋先生尝师事之。"由如上学案中杨时的本传以及其门人之一萧颤的传记中可见，杨时先曾拜投程颢为师，所学所为颇受程颢肯允，被程颢视作是自己的得道真传弟子。及程颢去世后，杨时又再拜投其弟程颐为师，尊奉老师愈加谦恭，并留下了"程门立雪"这一千古尊师重道佳话。而杨时的门人萧颤也颇具乃师当年拜师二程兄弟求学问教之风范，一秉其师杨时以仁义之道为己任的心志，并将老师杨时所传之道再继续传递给自己的门人弟子。

这里需要引起特别注意的一点即是，尽管宋明理学大儒们均非常重视师生关系建构中的以道统传续为根本价值取向的问题，但这并不等于就是主张后学弟子们要一味对先师前辈所晓喻倡扬之道因循墨守，丝毫不得有所自创出新。恰恰相反，儒家之道倘若确为人人当行与可行之坦途大道，则任一修道学道之人，亦必要能够自证其道、自得其道方可。因此，宋明理学大儒们实质上是鼓励学人们在有效继承先师前辈所传之道的同时，也要敢于自主创发和推陈出新的。即如黄宗羲在《〈明儒学案〉发凡》中所指明的那样："学问之道，以各人自用得著者为真。凡倚门傍户、依样葫芦者，非流俗之士，则经生之业也。此编所列，有一偏之见，有相反之论，学者于其不同处，正宜着眼理会，所谓一本而万殊也。以水济水，岂是学问！”据此可知，学者对学问之道的求索和体证，恰似人之饮水，冷暖唯有自知，如果只是追随人后，人云亦云，亦步亦趋，毫无自主自得，又怎能体味到学问之道的真谛呢？但同时，也要小心处理好信从师教与自为其主两者之间的适当尺度和界限，否则，也便会陷入“过犹不及”的窠臼之中，亦是不得其益的。程颐便曾就此问题对弟子门人们提醒道：“孔孟之门，岂皆贤人，固多众人。以众人观圣贤，弗识者多矣！惟其不敢信己而信其师，是故求而后得。今诸君于颐言才不合则置不复思，所以终异也。”① 程颐对弟子门人们的如上一番提醒是颇值玩味琢磨的。在程颐看来，即便如孔孟等之门下弟子，也并非皆属贤明高哲之流，而是以寻常平庸之辈居多的。此等凡庸弟子若以自身所处水平状态来忖量审度孔孟等贤哲师者的境界，显然是不得其真者为多的。但其却能不冒然地自以为是，而是谦恭信从师教，如此也便最终能够求而有得了。但程颐自己门下的一些弟子，却是太过放任自流，才与老师所言所教有所意见分歧，便就置之不理，无复再思。而这样最终还是不能达到老师所具备的程度。可见，师弟子之间的状况倘若是在符合了师者能够“以先觉觉后觉”和“以先知觉后知”的这一特定情形下，所谓的类似“师云亦云”式的师生关系的建构其实反倒是真正合理有效的了，因此，对于这个问题还是需要给予充分的辩证审视和理性分析的。

第二节　科举影响下的中国传统教师文化变革

公元 607 年，即隋炀帝大业三年，有诏曰：“天下之重，非独治所安，帝

① 《近思录·卷三·致知》

王之功，岂一士之略。自古明君哲后，立政经邦，何尝不选贤与能，收采幽滞。……夫孝悌有闻，人伦之本，德行敦厚，立身之基。或节义可称，或操履清洁，所以激贪厉俗，有益风化。强毅正直，执宪不挠，学业优敏，文才美秀，并为廊庙之用，实乃瑚琏之资。才堪将略，则拔之以御侮；膂力骁壮，则任之以爪牙。爰及一艺可取，亦宜采录，众善毕举，与时无弃。以此求治，庶几非远。文武有职事者，五品已上，宜依令十科举人。有一于此，不必求备。朕当待以不次，随才升擢。"① 隋炀帝杨广在此诏中令以孝悌有闻、德行敦厚、节义可称、操履清洁、强毅正直、执宪不挠、学业优敏、文才美秀、才堪将略、膂力骁壮等文武十科举人，这也标志着科举制的发端。此后，科举制又历经唐、宋、元、明、清等诸朝，直至公元 1905 年，即清光绪三十一年被正式废除，实行了约 1300 年，成为中国传统社会中最具代表性和影响力的选士制度。科举制的实施，对于中国传统教师文化的发展产生了一系列重要影响，而这主要又是通过科举制对教师群体的人生理想与政教活动等方面的影响得以表现出来。

首先，科举制对教师群体人生理想的影响。

随着科举时代的来临，教师这一社会知识精英群体的人生理想也就此发生了重大变化。从某种程度上而言，教师群体人生理想的这种重大变化乃是与政府设计和推行科举制度的目标取向相一致的。五代王定保在《唐摭言·卷一·述进士上篇》中曾讲道："盖文皇帝修文偃武，天赞神授，尝私幸端门，见新进士缀行而出，喜曰：'天下英雄入吾彀中矣！'"又在《唐摭言·卷一·散序进士》中转引诗云："太宗皇帝真长策，赚得英雄尽白头！"这里所表达的意图很明确，即是说明科举制的实施主要是因为像诸如唐太宗李世民等统治阶层意欲通过科举的方式来选拔天下英才为其所用。而结果也是如

① 《隋书·炀帝纪第三》

其所愿的，这从根本上是由于科举制较之九品官人法等选士制度而言，能够最大限度地打破出身的限制，庶族和平民阶层出身的人亦有与门阀士族出身的人同等的竞争机会，这也便促成了所谓科举考试使得天下英雄云集荟萃的盛况。

而关于科举考试对于包括教师群体在内的士子文人们具有不可抗拒的魅力和吸引力的原因究竟何在，宋真宗赵恒在其《励学篇》一诗中的意思表达似乎更显直截了当："富家不用买良田，书中自有千钟粟。安居不用架高楼，书中自有黄金屋。娶妻莫恨无良媒，书中自有颜如玉。出门莫恨无人随，书中车马多如簇。男儿欲遂平生志，六经勤向窗前读。"可见，只要肯勤奋刻苦读书，努力博取功名，一旦获得成功，那么人生的各种美好追求也便都会随之而至的。无独有偶，北宋诗人汪洙在其所写的《神童诗》中，也是不惜笔墨地对科举考试的莫大好处大肆渲染："天子重英豪，文章教尔曹。万般皆下品，唯有读书高。少小须勤学，文章可立身。满朝朱紫贵，尽是读书人。……朝为田舍郎，暮登天子堂。将相本无种，男儿当自强。"正像此诗中所宣扬的那样，处于科举时代的士人们，从孩提时起，便被激励要立下通过读书和科考改变人生命运的雄心远志，并为之奋斗不已，直至功成名就。而唐代诗人孟郊在其《登科后》一诗中，则更是将科考高中后士子们那种欣喜若狂、志得意满的心情和情状描绘与刻画得丝丝入扣、传神之极："昔日龌龊不足夸，今朝放荡思无涯。春风得意马蹄疾，一日看尽长安花。"

克实而论，科举制对于教师等知识精英人生理想所产生的影响，不仅仅只是体现在其对所谓美好人生目标的憧憬和向往上，而更是会弥散和渗透在其在追求美好人生目标实现过程中所必然要品味和承受的种种酸甜苦辣、五味杂陈的人生经历中。以下这两个案例便可以形象生动地反映出这一特质。"公乘亿，魏人也，以辞赋著名。咸通十三年，垂三十举矣。尝大病，乡人误传已死，其妻自河北来迎丧。会亿送客至坡下，遇其妻。始，夫妻阔别积十余岁，亿时在马上见一妇人，粗衰跨驴，依稀与妻类，因睨之不已；妻亦如是。乃令人诘之，果亿也。亿与之相持而泣，路人皆异之。后旬日，登第矣。"①"彭伉，湛贲，俱袁州宜春人，伉妻即湛姨也。伉举进士擢第，湛犹为县吏。妻族为置贺宴，皆官人名士，伉居客之右，一座尽倾。湛至，命饭于后阁，湛无难色。其妻忿然责之曰：'男子不能自励，窘辱如此，复何为容！'湛感其言，孜孜学业，未数载一举登第。伉常侮之，时伉方跨长耳纵游于郊郭，忽有僮驰报湛郎及第，伉失声而坠。故袁人谑曰：'湛郎及第，彭伉落驴。'"② 公乘亿的科考之路真可谓是一波三折、充满艰辛。为了科考中第，夫妻二人异地离分竟然长达十余年之久，甚至再当偶遇时，竟不敢贸然彼此相认，两人最终相认而又相持而泣的场景，不由令人大为感动但又唏嘘不已，所幸公乘亿最终还是得以登第，也算得苦尽甘来。彭伉与湛贲的夫人虽为姐妹至亲，但相互之间尤不能免却科考带来的世俗偏见影响，彭伉先行中第，即对尚未有所功名的湛贲屡加侮对，湛贲后在其妻的劝进之下亦得高中及第，彭伉闻讯竟然失声坠驴。此情此景，真是令人百感交集、啼笑皆非。

如上两个案例中的主人公在科考中终究还是能有所斩获，算得圆满收场了。但对于那些数不胜数的屡屡科场失意乃至最终仍是落败的人们而言，科考之路的个中滋味却是实难为外人道也的。清代著名文学家蒲松龄自 19 岁中了秀才之后，其后数十年不断参加科考，却均以失利告终，直至去世也未能取得正式功名。结合自己切身的痛苦经历和体验，蒲松龄曾对科考发出过如下一番感人至深的评价意见："秀才入闱，有七似焉：初入时，白足提篮似丐。唱名时，官呵隶骂似囚。其归号舍也，孔孔伸头，房房露脚，似秋末之冷蜂。其出场也，神情惝怳，天地异色，似出笼之病鸟。迨望报也，草木皆惊，梦想亦幻。时作一得志想，则顷刻而楼阁俱成；作一失志想，则瞬息而

① 《唐摭言·卷八·忧中有喜》

② 《唐摭言·卷八·以贤妻激劝而得者》

骸骨已朽。此际行坐难安，则似被絷之猱。忽然而飞骑传人，报条无我，此时神色猝变，嗒然若死，则似饵毒之蝇，弄之亦不觉也。初失志心灰意败，大骂司衡无目，笔墨无灵，势必举案头物而尽炬之；炬之不已，而碎踏之；踏之不已，而投之浊流。从此披发入山，面向石壁，再有以'且夫'、'尝谓'之文进我者，定当操戈逐之。无何日渐远，气渐平，技又渐痒，遂似破卵之鸠，只得衔木营巢，从新另抱矣。如此情况，当局者痛哭欲死，而自旁观者视之，其可笑孰甚焉。"① 如上蒲松龄的对于科考梦魇般经历的发自肺腑之言，将士人们在科考之路上所经历的非人磨难，以及屡战屡败之际虽痛定思痛但却欲拒还休的矛盾心情和复杂心态均淋漓尽致而又入木三分地表现和刻画出来了。蒲松龄除了是一位彪炳史册的文坛巨匠之外，还有另一个基本身份便是坐馆塾师，这个身份也是蒲松龄聊以谋生的一种必要生存方式，它几乎是一直伴随着蒲松龄约 50 年的科考历程同步存在的。由此，从蒲松龄身上，我们或许更能直接和分明地感受和体认到科举影响之下的教师人生理想集希望与失望、执着与彷徨以及抗争与无奈为一体的缤纷色彩与多变样态。

可以说，生活于科举时代的教师群体的人生理想，是受到科举制实施之下的至为深刻影响的，此一时期的教师群体的精神志趣与人生追求与科举之间可谓是息息相关，密不可分。教师群体在科举制的影响下所展现出的人生样态具有某种独特的精神风貌和行为风格，而这种独特的精神风貌和行为风格又进而对教师群体的全部人生产生了细致深入的影响，甚至决定了其人生发展的主要轨迹和基本格调。其人生样态或表现为欢欣愉悦，又或表现为痛苦悲怆；其人生际遇则或是志得意满，又或是失意不振，究其根由，都是与其理想和精神深处的科举烙印存在着千丝万缕关联的。

其次，科举制对教师群体政教活动的影响。

---

① 《聊斋志异・卷九・王子安》

中国传统社会中的教师角色，一般分为官学教师与私学教师两种。春秋战国时代，伴随着诸子百家私学学派的兴起和壮大，私学教师也正式出现并逐步达到了发展的顶峰状态。而官学教师则自汉武尊儒以来，方才逐渐在教师群体中占据主流位置，并日益发挥起主导性作用。从某种程度上而言，官学教师乃是一种亦官亦师、官师一体的职业身份，而其所从事的职业活动本质上也是政教合一式的。科举制实施之下，受其影响最为深刻的还是官学教师群体，而这种深刻影响主要又是通过官学教师所从事的政治与教育两方面活动来得以表现的。

在科举时代，成为官学教师的过程与通过科考博取功名的过程是同步的。因此，选拔合格的官学教师，必定也要经由科举选士的方式来完成。而基于德才兼备的标准来为国选师选官，乃是科举制度创行的一大初衷所在。但在实际推行过程中，尽管科举选士有所创获，但却也出现了很多事与愿违的情况。王凤喈先生即指出："士子求学以取富贵为目的，于是尽心竭力，以求模仿考官所好之文章，对于学问本身，全置之不理。而考官所好尚之文章全是注重形式的，规律非常严的，士子须耗费很多的光阴精力，去学习这种规律。迟钝者终身学习规律，模仿时文，而终不得达。聪明者学好以后，便可取功名，得美官。美官得而问学之事告终。"① 王定保在《唐摭言·卷三·论曰》中亦曾就此讲道："科第之设，沿革多矣。文皇帝拨乱反正，特盛科名，志在牢笼英彦。迩来林栖谷隐，栉比鳞差，美给华资，非第勿处；雄藩剧郡，非第勿居。期乃名实相符，亨达自任，得以惟圣作则，为官择人。有其才者，靡捐于瓮牖绳枢；无其才者，讵系于王孙公子！莫不理推画一，时契大同。垂三百年，擢士众矣。然此科近代所美。其美之所美者，在乎端己直躬，守而勿失；昧其美之所美者，在乎贪名巧宦，得之为荣。噫！大圣设科，以广

① 王凤喈著. 中国教育史大纲［M］. 长沙：湖南教育出版社，2008. 84.

其教，奈何昧道由径，未旋踵而身名俱泯，又何科第之庇乎！矧诸寻芳逐胜，结友定交，竞车服之鲜华，骋杯盘之意气；沽激价誉，比周行藏。始胶漆于群强，终短长于逐末。乃得失之道，坦然明白。邱明所谓‘求名而亡，欲盖而彰。’苟有其实，又何科第之阙欤！”在王定保看来，有唐一代科举制的设计与实施还是颇见成效的，真正是做到了“只凭德才选贤，不以出身定位”的公正选士结果。不过同时也出现了诸多名实不符、巧夺功宦的不良状况。但王定保仍然坚持认为，无论选士问题上出现怎样的负面情形，其实都无损于科举当初创行的正面初衷和本意。选士结果的不佳也并非是由于科举本身的制度原因所致，而主要是由于人为层面的过失所造成的。

当然，这种人为层面的过失之所以会产生的原因，倘若再进一步追究的话，则似乎是又回到科举选士的某些制度设计因素上去了，即如王定保在分析到隋唐进士科之盛的因由时所指出的那样：“进士科始于隋大业中，盛于贞观、永徽之际；缙绅虽位极人臣，不由进士者，终不为美，以至岁贡常不减八九百人。其推重谓之‘白衣公卿’，又曰‘一品白衫’；其艰难谓之‘三十老明经，五十少进士’；其负倜傥之才，变通之术，苏张之辨说，荆聂之胆气，仲由之武勇，子房之筹画，弘羊之书计，方朔之诙谐，咸以是而晦之。修身慎行，虽处子之不若；其有老死于文场者，亦所无恨。”① 由此看来，为了谋得进士登第，以为将来仕途飞黄腾达铺就坚实基石，士人们即便是各有所长、绝技在身，但在制度所施的巨大压力之下，也还是要韬光养晦，屈己让尊，即使最终一无所获、老死科场，亦是毫无悔恨。但如若因此又认定科场之中便注定难取英才，则又是有失偏颇了，例如，《宋史·文天祥列传第一百七十七》即有言曰：“宋三百余年，取士之科，莫盛于进士，进士莫盛于伦魁。自天祥死，世之好为高论者，谓科目不足以得伟人，岂其然乎！”可见，

① 《唐摭言·卷一·散序进士》

有宋一代之科考，能得状元如文天祥者，便已是不世之功，足证科举选士之有成。而关于如何有效弥补科举选士的缺陷和不足，黄宗羲曾经提出过一个方案，颇具独到之处。他讲道："古之取士也宽，其用士也严；今之取士也严，其用士也宽。古者乡举里选，士之有贤能者，不患于不知。……今也不然，其所以程士者，止有科举之一途，虽使古豪杰之士若屈原、司马迁、相如、董仲舒、扬雄之徒，舍是亦无由而进取之，不谓严乎哉！一日苟得，上之列于侍从，下亦置之郡县。即其黜落而为乡贡者，终身不复取解，授之以官，用之又何其宽也！严于取，则豪杰之老死丘壑者多矣；宽于用，此在位者多不得其人也。……吾故宽取士之法，有科举，有荐举，有太学，有任子，有郡邑佐，有辟召，有绝学，有上书，而用之之严附见焉。"① 黄宗羲指出，上古所用的乡举里选之法，不仅在选士上不拘一格，而且在用士上也是严于督管。故而不仅能选到贤士，亦能用好贤士。但及其之时则不然，国家选士只凭科举一途，但凡不能由此脱颖而出者，即便有大德大才，也不得其用。而一旦科考成功，获取官职之后便得无所约制，不加必要的督察甄选，使得贤者与庸者不能各得其位，用人常常有失。因此，黄宗羲主张，取士不能仅限于科举一法，而应多种方法并用，且在人才的甄选与任用上也应宽严得当，不能墨守成规。故而，他提出将科举、荐举、太学、任子、郡邑佐、辟召、绝学、上书等八种取士方法并用，并要求对每种方法的运用都应严格把握，以避免和消除当时人才选拔和任用的种种弊病。

科举影响之下的教师群体的教育活动亦出现了一系列弊病，这种状况也引起了历代理学大儒们的甚深关切，并想方设法希望能够有效应对和解决这些弊病。例如，朱熹便曾在其《学校贡举私议》一文中就此讲道："近年以来习俗苟偷，学无宗主，治经者不复读其经之本文与夫先儒之传注，但取近时

① 《明夷待访录·取士下》

科举中选之文，讽诵摹仿，择取经中可为题目之句，以意扭捏，妄作主张，明知不是经意，但取便于行文，不暇恤也。盖诸经皆然，而春秋为尤甚。主司不惟不知其缪，乃反以为工而置之高等，习以成风，转相祖述，慢侮圣言，日以益甚，名为治经，而实为经学之贼，号为作文，而实为文字之妖，不可坐视而不之正也。”朱熹在这里主要指明了当时的师者们在治学与教学过程中，只是一味迎合科考之需，挖空心思投机取巧，全然不顾学问本真。而心知肚明的主司官员们对此非但不予及时纠正，反倒是助纣为虐、推波助澜，不以之为谬误，反置之为高等。一时使得此等歪风邪气大肆泛滥流行，慢侮圣言、残贼经典、亵渎文章的现象可谓比比皆是，已是到了不可不大力整治的程度了。黄宗羲针对相关问题的基本观点亦是与朱熹的上述主张交相呼应的。在其《广师说》一文中，黄宗羲便明确指出：“自科举之学兴，而师道亡矣。今老师门生之名遍于天下，岂无师哉？由于为师之易，而弟子之所以事其师者，非复古人之万一矣，尤可谓之师哉！……流俗有句读之师，有举业之师，有主考之师，有分房之师，有荐举之师，有投拜之师。师道多端，向背攸分，乘时则朽木青黄，失势则田何粪土，固其宜也。”黄宗羲如上所言看似有失言重了，但其实丝毫不为过。在其所处时代，受科举之弊的冲击和负面影响，有名无实式的师生关系大行其道，师生关系成立的依据并不在于师者能否对于弟子做到“传道、授业、解惑”，而是在于师者能否帮助弟子获取“功名、利禄、科第”，如此意义上的所谓师生名分，自然是形同虚设的了，而宣告师道真精神的消亡也便不是什么危言耸听的主张了。在其《续师说》一文中，黄宗羲亦就此问题强调道：“嗟乎！师道之不传也，岂特弟子之过哉，亦为师者有以致之耳。师者，所以传道受业解惑者也；道之未闻，业之未精，有惑而不能解，则非师矣。本无可师，强聚道路交臂之人，曰师曰弟子云者，曾不如童子之师，习其句读，巫医、乐师、百工之人，授以艺术者之有其实也。传道受业解惑，既无所籍于师，则生不为之怜，死不为之丧，亦非过也。遂以为古之师弟子皆然，而使师之为道，出于童子、巫医、乐师、百工之下，则是为师者之罪也。今世以无忌惮相高。代笔门客，张口辄骂欧曾；兔园蒙师，摇笔即毁朱陆。古人姓氏，道听未审，议论其学术文章，已累幅见于坊书矣。乳儿粉子，轻儇浅躁，动欲越过前人，抗然自命；世无孔子，不当在弟子之列，盖不特耻为弟子，相率而耻不为师。吁！其可怪也。若是，则师之为道，人心之蠹贼也，吾惟恐其传也矣。”黄宗羲认为，师道的没落并不能全部怪责于弟子的过错上，师者对此状况的形成，也是具有不可推卸的责任的。师者既然不能履行好“传道、授业、解惑”的本职工作，弟子也无从由老师那里获得“传道、授业、解惑”方面相关的实际利益，自然也就很难对老师生起尊重之心和感恩之情了。而且，师者若果真如此不称其职的话，反倒是还不如那些所谓童子之师和百工之人，在传习句读和传授技艺方面所给予其学生弟子的利益为大为实了，倘若造成这样的后果，师者的罪过亦是不能推脱的。此外，黄宗羲还特别批驳了当时社会上所流行的一种无所忌惮、贡高我慢的不良风气，其对此甚是不以为然。可知，若是将黄宗羲所反对的那种将狂妄自大、好为人师式的情形视作是在传续师道的话，那无异于是在引狼入室、认贼作父，这样的师道当然还是以不传为好的了。

第三节　书院影响下的中国传统教师文化变革

李才栋先生的研究指出：“‘书院’这个名称，最早出现于唐玄宗开元间(713—741)。其时有‘丽正殿书院’、‘集贤院书院’等。这是皇室编校、典藏图书的地方，也就是皇家或者官方的图书馆。这种书院与后世具有学校性质的机构有明显的区别。所以袁枚讲：‘书院之名起唐玄宗时，丽正书院、集贤书院，皆建于朝省，为修书之地，非士子肄业之所也。’这里虽也聚集了一批学者以备顾问，偶亦为帝王讲学，然而朝廷另有一整套专门机构培育人才。

随着雕版印书业的发展，除了官方藏书外，私人的藏书也逐渐增多，陆续出现了不少民间藏书的书堂、书院、书楼、书屋、书舍。中唐以后，由于军阀混战，宦官当政，致使‘庠序不修’，‘士病无所于学’，民间的书堂、书院又逐渐发展为学者讲学说书、士子读书求学的教育机构。中唐以后，公元八世纪末至九世纪初，已有民间、私人的从事教学活动的书院、书堂、书楼，这已确定无疑了。”① 可见，书院之名最早起自唐玄宗之时所创建的诸如丽正书院、集贤书院等，但具备学校性质的书院则要到中唐以后的 8 世纪末至 9 世纪初方才正式出现，且是以民间的、私人的书院、书堂、书楼等具体运作模式来展现的。此后书院又历经宋、元、明、清等数朝的发展变革，直至公元 1901 年，也即清光绪二十七年，清政府下令将全国各地所有大小书院一律改为新式学堂。至此，延续一千余年的传统书院的命运才告以终结，正式退出历史舞台。

在书院存续发展的漫长时期内，中国传统教师文化的变迁也深受其影响，而这种影响的发生则又是以书院所受儒道的根源性影响为总归的。

公元 1180 年，即南宋孝宗淳熙七年，朱熹知南康军时为庐山白鹿洞书院制定《白鹿洞书院学规》，又称《白鹿洞书院揭示》，此学规一举成为后世历代书院制定学规之圭臬所在，影响异常深远。朱熹在《白鹿洞书院学规》中具体讲道：“父子有亲，君臣有义，夫妇有别，长幼有序，朋友有信。右五教之目。尧舜使契为司徒，敬敷五教，即此是也。学者学此而已，而其所以学之之序，亦有五焉，其别如左：博学之，审问之，慎思之，明辨之，笃行之。右为学之序。学、问、思、辨，四者所以穷理也。若夫笃行之事，则自修身以至于处事接物，亦各有要，其别如左：言忠信，行笃敬，惩忿窒欲，迁善改过。右修身之要。正其义不谋其利，明其道不计其功。右处事之要。己所

① 李才栋著. 中国书院研究［M］. 南昌：江西高校出版社，2005. 92.

不欲，勿施于人。行有不得，反求诸己。右接物之要。熹窃观古昔圣贤所以教人为学之意，莫非使之讲明义理以修其身，然后推以及人。非徒欲其务记览为词章，以钓声名、取利禄而已也。今人之为学者，则既反是矣。然圣贤所以教人之法具存于经，有志之士，固当熟读深思而问辨之，苟知其理之当然，而责其身以必然，则夫规矩禁防之具，岂待他人设之而后有所持循哉？近世于学有规，其待学者为已浅矣；而其为法，又未必古人之意也。故今不复以施于此堂，而特取凡圣贤所以教人为学之大端，条列如右，而揭之楣间。诸君其相与讲明遵守而责之于身焉。则夫思虑云为之际，其所以戒谨而恐惧者，必有严于彼者矣。其有不然，而或出于此言之所弃，则彼所谓规者必将取之，固不得而略也。诸君其亦念之哉！”① 从《白鹿洞书院学规》中的具体内容，以及朱熹所申明的该学规编制的原因和意图上不难发现，其实质上就是儒道的总纲性意见表达，而以其作为指导书院运作的总的指导方针，则可足见儒道对于书院发展的影响乃是根源性和总归性的。朱汉民教授亦就此讲道：“书院的文化特质与精神传统来自于儒家之道，如果说，寺庙是佛教文化的标志，宫观是道教文化的标志，那么，书院则可以说是儒家文化的代表。因而要了解书院的精神特质，首先就要理解儒家之道；只有理解了儒家之道，才能理解儒家士人的价值观念、生活理想、审美情趣。而他们所创建的书院，正是他们的价值观念、生活理想以及审美情趣的一种体现。士人是古代书院的创办者、主持者。根据儒家的思想，士人文化使命应该以‘道’为志。这个‘志于道’包含着两重意义：第一，用儒家的文化理想（‘道’）改造社会，走治国、平天下的道路；第二，用儒家的文化理想（‘道’）改造自身，走自我道德完善的道路。……这样，道就具有了双重特性：一方面，道要具有世俗性，它必须和社会政治、日用伦常保持不可分割的关系；另一方面，

① 邓洪波编著. 中国书院学规［M］. 长沙：湖南大学出版社，2000. 114-115.

道要有超脱性，它能够满足士大夫所谓‘独善其身’的精神超越的需要。……因此，书院能够成为儒家士人的精神家园，完全在于它是儒家士人的修道之所。士人们总是把书院作为广泛的文化活动场所，他们在此研究学术、传授学业、校勘经籍、以文会友、祭祀先师、收藏图书、修身养性等等，从这个意义上，可以把书院看作是儒家士人的文化教育组织。但是，士文化的内核是他们所关怀的道，书院作为士人文化教育组织的根本点，即在于它是儒家修道之所，它具体的文化活动，都是围绕着这一点而展开的。”① 可以说，书院的创兴，不仅仅只是为了满足士人们基于读书求知意义上的一般现实教育需求，更是为了呼应其有志于实践儒道理想的终极价值追求，而发生于书院这一独特场所中的一切文化活动，诸如学术研讨、开展教学与讽议政事等，均可视作是儒家士人们倡扬与践行儒道理想的具体行为表现。而我们所要探究的书院对于中国传统教师文化的影响所在，也正是基于这样一种解析视角出发而展开的。

书院中的学术研讨主要又是以讲会的形式展开的。关于讲会的概念界定，历来有所分歧，似无统一定论。一般认为，书院讲会即是不同学者就某些学术问题展开对话式的探讨和辩论活动，以求廓清学术迷惑，证得问题本真。同时也有观点主张，讲会已经超出了一般意义上的书院讲学讨论的范畴，而成为一种程式化的书院学术研讨组织模式，其有固定的学术研讨组织的规章制度和实施型态，更像是一种以学术研讨为基本表征的书院学术社团集会组织。但无论怎样来界定或理解书院讲会的确切意涵，有一个核心点却是共通的，那就是讲会必定是要以学术自由探讨、争鸣和创新为旨趣的，而其具体的开展形态也必然是以学术研讨活动的开放包容、多元互动为特质的。

书院史上最为有名的讲会当属朱熹与张栻的岳麓之会以及朱熹与陆九渊

① 朱汉民著. 中国书院文化简史［M]. 北京：中华书局，上海：上海古籍出版社，2010. 74-75.

的鹅湖之会这两会。公元 1167 年，即南宋孝宗乾道三年，朱熹与张栻二人聚会于岳麓书院，围绕“中和”的主题，展开了长达两个多月的学术讲论，四方学子也纷纷前来与会，所谓“学徒千余，舆马之众，至饮池水立竭，一时有潇湘洙泗之目焉”，[①] 真是盛况空前。又据《宋史·儒林四·陆九渊列传第一百九十三》载：“初，九渊尝与朱熹会鹅湖，论辨所学多不合。及熹守南康，九渊访之，熹与至白鹿洞，九渊为讲君子小人喻义利一章，听者至有泣下。熹以为切中学者隐微深痼之病。至于无极而太极之辨，则贻书往来，论难不置焉。”公元 1175 年，即南宋孝宗淳熙二年，通过吕祖谦的从中邀约，朱熹得以与陆九渊、陆九龄兄弟在信州鹅湖寺聚会，双方以“教人”为主题展开论辩。朱熹主张应先令人泛观博览而后再归之于约，但陆九渊则主张应先发明人之本心而后再使之博览。朱熹认为陆九渊之教人太过简化，陆九渊则认为朱熹之教人太为支离，二人观点于此颇为不合。可见，朱陆二人各立门户，学术观点不尽相同。但二人却也并不因此结为仇对，而依然是彼此坦诚相待。后来朱熹主持白鹿洞书院之时，还专门邀请陆九渊到白鹿洞书院讲学。并且也常常保持书信往来，相互探讨问题不断，全然不以有所意见分歧和论争为意。

书院的教学模式与一般的官学教学模式具有显著不同。在书院所开展的教学活动过程中，无论是主要负责书院日常管理工作的洞主或山长，还是主要负责书院日常教学工作的讲师或助教，其实并无严格的工作分工，而是都要共同担负对学生的教学职责的。尤其是在一些由名师大儒所创办的著名书院里，山长往往更是要管理与教学工作一肩承担，较之一般讲师反倒更加辛苦操劳。这也充分体现了书院教学模式中的上下平等特色。

此外，书院教学非常注重开展自由讨论，师生之间在教学过程中的关系

---

① ［清］赵宁：《岳麓书院志·卷三》，转引自邓洪波著. 中国书院史［M］. 上海：东方出版中心，2004. 128.

亦是颇为平等融洽的，大家无论师生，均可畅所欲言，相互问难，不设尊卑藩篱，一以促进师生共同成长为矢的。例如，王守仁便曾在其于贵州龙场所创办的龙岗书院教学过程中对弟子们讲道："凡攻我之失者，皆我师也，安可以不乐受而心感之乎？某于道未有所得，其学卤莽耳。谬为诸生相从于此，每终夜以思，恶且未免，况于过乎？人谓'事师无犯无隐'，而遂谓师无可谏，非也；谏师之道，直不至于犯，而婉不至于隐耳。使吾而是也，因得以明其是；吾而非也，因得以去其非。盖教学相长也。诸生责善，当自吾始。"①毋庸置疑，在如此坦诚平等的教学情境和氛围之中，师生得以实现真正意义上的共同成长，则是自然而然、顺理成章的了。而书院师生之间，实则也正因此一种平等和谐关系的有效达成，才得确然在教学过程中做到道义相勖、情感相通与才学相济。

书院办学不仅注重开展学术研讨和教学活动，同时也尤为关切大众民生，时常讽议政事得失，以成贤入圣、道济天下共为书院办学的旨趣与鹄的。这也使得书院师生作为推动社会发展的良知和公器的作用及价值得以突显和发挥出来。

公元 1604 年，即明神宗万历三十二年，顾宪成与高攀龙等重建无锡东林书院。此书院原本是北宋理学大儒龟山先生杨时的讲学之所，其后几经废兴，到得此时，方才再度重光。顾宪成在为东林书院所拟之《东林会约》中讲道："国家设学本教人为圣为贤，非徒也。惟是士之所习者占毕，所希者科名，父兄师友之间相期相督不过如是而止，失其本矣。今兹之会，专以道义相切磨，使之诚意、正心、修身，以求驯至乎圣贤之域。而设学之初意，庶几不负。"②同时，顾宪成还特为东林书院题联云："风声雨声读书声，声声入耳；家事国

---

① ［明］王守仁：《教条示龙场诸生》，转引自邓洪波编著. 中国书院学规［M］. 长沙：湖南大学出版社，2000. 245-246.

② 邓洪波编著. 中国书院学规［M］. 长沙：湖南大学出版社，2000. 13.

事天下事，事事关心。”显见，顾宪成等复兴东林书院的志趣与抱负实乃至善至大，不仅要“独善其身”“坐而论道”，更得要“兼善天下”“立身行道”。在这样的办院宗旨引领下，东林书院师生大兴讲学论道、讽议时政之风，一时大众云集，四方瞩目，不光是文人墨客热衷参与，就连乡野之民、蒙童少年等也积极与会。东林书院的影响力也随之迅速扩大，可谓声震天下。但也正因东林师生对于当时政治腐败与黑暗现实的勇敢揭露和无情批判，使得以奸宦魏忠贤等为首的权力集团大为忌惮，并最终痛下杀手，于公元 1625—1626 年，即明熹宗天启五年至六年，尽毁东林及天下书院，并将东林党三百余人严加罪罚、迫害殆尽。东林书院虽终遭毁难，但却也因此一段光辉岁月而在书院发展史上留下了浓墨重彩的一笔。

总而言之，从中唐至清末，作为士人们践行儒道理想的绝佳场所和独特载体，书院在推动此一时期传统教师文化的基于学术创新、教育改造与政治参与的整体变革进程的发展上，乃是产生了不容忽视的积极影响的。而传统教师自古以来即将学者、教者与政者三种角色身份集于一身，并努力以落实修齐治平、天下为公的内圣外王之道为己任的不懈追求和探索，也便在书院绵延千余载的历史变革进程中得到了显著体现和更好促进。

第五章　中国传统教师文化的现代转化与当代价值

第一节　中国传统教师文化的现代转化

在中国传统教师文化数千年的历史变迁中，形成了特色鲜明的教师文化传统，其不仅深刻地影响了中国传统教师与教育的发展进程，同时也对中国传统社会与文化的整体变革进程产生了深远影响。若从文化学视角来加以审视的话，中国数千年教师文化传统的历史性存在，早已突破了教师抑或教育文化传统的单一领域和范畴，而体现出鲜明的跨域性和兼容性，举凡天道、政治、社会、家庭与教育等领域和范畴，均是其所关涉的对象所在，而也正是通过师者与如上多元对象之间的相互关联和融通，中国教师文化传统也由此成为一种具有多元统合式特质的民族文化传统。

在诸多古典中，与中国教师文化传统的这一多元统合式文化特质相关的理论阐释亦是屡见不鲜的。例如，《尚书·周书·泰誓上》云："天佑下民，作之君，作之师，惟其克相上帝，宠绥四方。"这是将天、民、君、师等关联在一起来指明君与师当顺应天道协助上天来完成对于百姓之治教的天赋使命和职责。《礼记·礼运第九》云："故天生时而地生财，人其父生而师教之，四者，君以正用之，故君者立于无过之地也。”这是将天、地、父、师、君等关联在一起来指明君者唯有注重对天、地、父、师的独特作用的借重和发挥，其统治方可立于不败之地。《礼记·学记第十八》云：“能为师然后能为长，能为长然后能为君。”这是将师、长、君等关联在一起来指明学教有成的师者乃是治理有方的官长的前提，而治理有方的官长又是平治天下的君王的前提，在这里，师者、官长与君王之间建构起一种依次递进的必要关联。《荀子·礼论第十九》云：“天地者，生之本也；先祖者，类之本也；君师者，治之本也。无天地恶生，无先祖恶出，无君师恶治，三者偏亡，则无安人。”这是将天地、先祖、君师等关联在一起来指明天地、先祖、君师等乃为人之生、类、治的根本所在，几者相辅相成，缺一不可，这一表述也即成为大众所耳熟能详的“天地君亲师”的经典论述。

可以说，在中国传统社会的漫长历史进程中，教师文化传统的这一多元统合式文化样态便始终弥散和渗透在社会的广泛领域之中，并产生着持久而深刻的影响，这一状况一直持续到 19 世纪中叶中国现代化进程的正式开启，方才发生了根本转变，而绵延数千年之久的中国传统教师文化也由此走上了现代转化之路。

中国传统教师文化的现代转化实质上乃是中国社会整体现代化进程的一个必然组成部分，而中国的现代化进程则又是世界现代化进程的一个必然组成部分。因此，对于何为现代与现代化的解读也就成为我们探究传统教师文化之现代转化的逻辑前提所在了。罗荣渠教授指出，若从西方史学观点出发，现代（modern times）一词的意涵可从时间尺度、价值尺度和生产力尺度三个方面来加以界定和解读。作为时间尺度的现代，大致是指从公元 1500 年左右以后一直到现今的历史时期，这一历史时期与古代（ancient）、中世纪（medieval）沿相承续。而作为价值尺度的现代，则具有“新时代”之义，文艺复兴时期的人文主义者最先使用了这一含义上的“现代”一词，当时用这个词表达一种新的观念体系，其否定中世纪的神学权威，尊崇古典文化，故而文艺复兴所开启的时代即被视为欧洲历史的一个新时代。而“现代”一词的内涵——“现代性”（modernity），也便渊源于此。[①] 除了时间尺度和价值尺度之外，对于现代意涵的界定，还有一个尺度，即生产力尺度。罗荣渠教授认为，新的现代化理论给“现代”的定位，是指18世纪后期工业革命开始以来一直到现在这样一个新时代，这个新时代的中心内容是在现代生产力引导下人类社会从农业社会向工业社会的大过渡。[②] 同时，罗荣渠教授还从历史发展的角度出发，分别对现代化的定义做出了广义与狭义这两个对比层面下的界定：“从历史的角度来透视，广义而言，现代化作为一个世界性的历史过程，是指人类社会从工业革命以来所经历的一场急剧变革，这一变革以工业化为推动力，导致传统的农业社会向现代工业社会的全球性的大转变过程，它使工业主义渗透到经济、政治、文化、思想各个领域，引起深刻的相应变化；狭义而言，现代化又不是一个自然的社会演变过程，它是落后国家采取高效率的途径（其中包括可利用的传统因素），通过有计划地经济技术改造和学习世界先进，带动广泛的社会改革，以迅速赶上先进工业国和适应现代世界环境的发展过程。”[③] 可见，广义层面的现代化是在世界范围内发生的由工业化所驱动的人类社会从农业社会向工业社会不断变革的过程，而在这个过程中，工业主义则逐渐蔓延和渗透到社会各个领域，成为居于核心和主导地位的思想影响因素。而狭义层面的现代化则主要表现为落后国家为适应现代工业变革的时代趋势，努力追赶先进发达国家，以使自身也逐步实现工业化

① 罗荣渠著. 现代化新论——世界与中国的现代化进程［M］. 北京：北京大学出版社，1993. 3-6.

② 罗荣渠著. 现代化新论续篇——东亚与中国的现代化进程［M］. 北京：北京大学出版社，1997. 21-22.

③ 罗荣渠著. 现代化新论——世界与中国的现代化进程［M］. 北京：北京大学出版社，1993. 16-17.

的发展过程。此外，在如何界定现代意涵的问题上，英格尔斯（A. Inkeles）则把具有“工业化、都市化、教育普及、科层组织化（bureaucratization），以及快速的通讯和交通运输”等特征的综合化存在的国家形态认定为是现代的。他特别指明，如上特征中的某些特征，诸如城市、教育普及等其实在现代社会产生之前就已经存在了，但能够把所有这些特征集合在一起，作为社会结构的形式，程度不同地同时表现出来，这在19世纪之前的任何国家里都不会见到，而只有在20世纪，才在全世界成为普遍的现象。因此，在英格尔斯看来，现代社会乃是代表着当代社会特色的一种“文明的形式”。① 此外，金耀基先生在中国现代化问题上的相关论述也是值得关注的，他把中国的现代化运动从本质上看作是一个从农业社会向工业社会逐渐变迁的过程，而这一变迁过程实质上也正是中西文化会面之后，西方工业性的现代文化迫使中国农业性的传统文化发生“形变之链”的过程。②

质而言之，传统与现代的分界，最根本的还是通过人类社会生产形态的转化来加以体现的，这一转化则主要表现为由农业社会生产形态向工业社会生产形态的转化，并由此引发社会整体构造的方方面面产生连锁反应，从而促使传统社会向着现代社会发生全面、深刻而持久的变革。而且，这一转化的促成，自18世纪后期以来，于西方相继兴起的三次工业革命则是起着至关重要作用的，西方的现代化进程也由此而对世界现代化进程起到了不可或缺的引领和主导作用。而在中国现代化过程中，如何探寻出一条既能顺应世界大势又能切合自身国情的现代化道路，则始终是中国现代化进程中的一大难题所在。杜维明先生曾指出：“现代西方人的二分的思维方式（精神/物质，心灵/肉体，体力/脑力，神圣/世俗，创造者/创造物，上帝/人，主体/客体）同中国人的思维方式是针锋相对的。培根的知识即力量及达尔文的以竞争求

① ［美］A. 英格尔斯著，殷陆君编译. 人的现代化［M］. 成都：四川人民出版社，1985. 17-18.

② 金耀基著. 从传统到现代［M］. 北京：中国人民大学出版社，1999. 131，147-148.

生存的论断告诉我们，启蒙精神同中国人头脑中所熟悉的任何一种思维类型都大相径庭，以致对华夏世界的诸方面均构成挑战。受浮士德式的探索、认识、开拓和控制的驱动，启蒙运动对工具理性的信念已在科学、技术、工业资本主义、国家建设、民主政治、法律制度、教育体制、多国合作以及军事装备方面取得了令人瞩目的进步。由于依据财富与强权而定义的国际游戏规则是通过炮舰外交强加给中国的，新的中国知识分子看到了西化的不可避免性，从而投身到西化的运动中。”① 在中国现代化进程的起步和早期阶段，出于救亡图强的迫切心态与现实急需，我们曾经有过背弃传统而唯西方马首是瞻乃至追求全盘西化的历史教训，实践证明，这样的现代化道路是走不通的。但不能顺应世界现代化的大势与潮流与时俱变，也必将被历史所淘汰。唯有顺应时势，革故鼎新，在努力发掘自身传统精华与优长的基础上不断推动传统的创新发展与价值新生，方能走出一条中国现代化的康庄大道，并由此为世界现代化的发展做出独特贡献，而这一中国现代化的发展路径也正是决定中国传统教师文化能否实现有效现代转化的关捩所在。

公元 1896 年至 1897 年，也即清光绪二十二年至二十三年，这两年间相继发生了两件大事，一件是梁启超《论师范》一文的发表，另一件是盛宣怀在上海创办南洋公学师范院。梁启超发表《论师范》一文可称是发出了中国现代师范教育理论发展的先声，而盛宣怀创办南洋公学师范院则可称是开创了中国现代师范教育实践发展的先例。这两件大事的发生，从某种意义上也就标志着中国现代师范教育理论与实践发展的正式起步。5 年之后，也就是公元 1902 年，即清光绪二十八年，管学大臣张百熙奏请光绪帝颁布《钦定学堂章程》，因该年为壬寅年，故称“壬寅学制”。这是中国近代第一个以中央政府名义制定的学制系统，其中包含了在京师大学堂内附设师范馆以及在中学

---

① ［美］杜维明. 家庭、国家与世界：全球伦理的现代儒学探索［J］. 国外社会科学，1999（5）：3.

堂外附设师范学堂的设计方案内容。但此学制并未得到施行。又待得约 1 年 4 个月之后，也就是公元 1904 年，即清光绪三十年，清政府才又正式颁布了由张百熙、荣庆、张之洞等共同主持修订的一系列学制系统文件，统称《奏定学堂章程》，因该年为癸卯年，故称“癸卯学制”。这是中国近代第一个以中央政府名义制定并首次得以施行的学制系统，其具体设计方案中则包含了在直系学堂外设立师范学堂系统，具体分为优级师范学堂，优级师范附属中学堂、小学堂以及初级师范附属小学堂等。可以说，从公元 1896 年至公元 1904 年的近 10 年间，以一系列现代师范教育理论与实践成就的相继取得为标志，中国传统教师文化的现代转化已然正式起步，并以日益迅捷的步伐不断迈向前进。

克实而论，中国有着数千年的教师发展史，传统意义上的教师养成教育可谓根深叶茂、花繁果硕。但现代意义上的师范教育的产生，则是由西方开其先声的，其乃是西方现代化进程的自然产物，其所依托的也正是西方工业化的社会基础，这与数千年来中国传统教师文化所植根的农业化社会基础迥然有别，而 19 世纪末期师范教育在中国的正式起步也恰是在中国整体社会从一个农业化社会向工业化社会的转化中开始的。此一时期，那些使得传统教师文化能够在传统社会有效延传的，诸如选士制度和官学制度等制度保障体系也在中国整体社会的现代转化中逐渐瓦解，科举制在 1905 年正式宣告废止，而壬寅学制和癸卯学制等近现代学制也在 1902 到 1904 年间相继制定并实施，特别是 1912 年伴随着清王朝的覆灭和中华民国的建立，更是从政治制度上为中国传统教师文化的现代转化创造了前所未有的时代契机。“尽管各国教师都同样是工业化时代的产物，但由于各个社会的文化遗产及社会政治环境不同，教师群体的形成、训练的方法，以及他们在各自社会舞台中所发挥的作用却不尽相同。……从词义上看，‘师范’一词与师者的关系，可向上追溯千年，最先出现在西汉（前 206—24）扬雄的《法言》中，曰‘师者，人之模范也’。明代以‘儒学教官’专指官学教师和教育官员，从理论上说，他们是一群道德高尚的博学鸿儒，不仅要能‘授业’，将儒学之‘道’代代相传，而且行为举止亦足‘为人师表’。到了20世纪初，‘师范’一词借由专指现代专业教师训练而重获新的内涵。”① 从某种程度上而言，对现代师范教育的解析理路乃是以现代学校教育制度的创立以及因之而起的教师职业培养与专业发展活动为基础的，这一解析理路侧重于从教师的职业与专业特性出发去解读师范教育所代表的文化意义，带有鲜明的以教师职业文化与专业文化为本位的解析色彩。

而对中国传统教师文化的探究，则不宜简单套用这一解析理路，泛而言之，职业文化甚或专业文化的问题固然也可在中国传统教师文化所关涉的要题之列，但比之更加本位的问题却是师与道之间关系的问题，中国传统教师文化的基本价值取向并非仅仅局限于谋生之职业与知识技术传授之专业层面的，更深层的是以道为本的诉求，这乃是由中国传统文化这个母体文化系统所付诸中国传统教师文化的原始文化本质所决定的。因此，若从中国传统文化的特有语境言之，则不妨把中国传统教师文化所主要关切的问题称作教师的道业文化问题，其所关注的主要是教师文化的价值取向以及实践形态上的基于道的合理性与规约性的问题，而举凡教师职业文化与专业文化等问题，实质上均是由道业文化所决定的。故而，中国传统教师文化的现代转化所要着力完成的，即是如何有效实现从以师道尊严为中心的传统教师文化样态向以师范教育为中心的现代教师文化样态的转化。而如何实现师道尊严与师范教育之间的有机融通，并进而推动师道尊严传统在现代社会的创新发展与价值新生，则是这一转化过程的关捩所在。韦伯曾讲道：“美国人对站在自己面前的教师的观念是，他卖给我他的学问和方法，为的是赚我父亲的钱，就像

---

① 从小平著. 师范学校与中国的现代化——民族国家的形成与社会转型：1897—1937 [M]. 北京：商务印书馆，2014. 3-4.

菜市场的女商贩向我母亲兜售卷心菜一样。情况就是如此。……没有哪个美国青年，会同意让教师卖给他有关行为准则的‘世界观’（Weltanschauungen）。”① 韦伯所言显示出以美国为代表的西方现代教师文化中根深蒂固的价值理性与工具理性的二元分化色彩，这与中国“以道为本”统合基调下的师道尊严传统具有显明差异。具体而言，西方之理性可因侧重价值取向和工具取向之不同，体现出截然不同的理性面貌。而中国之道则始终有一主旨贯穿一体。同时，西方之理性或真理，可不依据精神世界和物质世界的融通性，而绝然存在，中国之道亦有其绝然性，但同时也强调融通性，这与西方之理性或真理仍是有别的。而我们所熟知的亚里士多德之“吾爱吾师，吾尤爱真理”与韩愈之“道之所存，师之所存”的经典论述，其实正可充分体现出中西方教师文化在传统根源上基于如上之理性和道的同异而所具有的本质差别与相融共通之处。统而言之，教师之道业文化、德性文化与智识文化可以视作以师道尊严为中心的中国传统教师文化样态的基本表征所在；而教师之专业文化、理性文化与知识文化则可视作以师范教育为中心的西方现代教师文化样态的基本表征所在。前者主要是中国传统农业社会发展形态下的教师文化结果，而后者则主要是西方现代工业社会发展形态下的教师文化产物。两者在文化渊源与发展进路上是可以做到有别而相通，并行而不悖的。

金耀基先生曾言：“中国人对自然始于欣赏，终于相忘。西方人对自然始于观解，终于征服；完全走上两条不同的道路，而中国文化此一特性乃塑造了中国人融洽自然，‘当下即是’的人格，此一人格使中国人产生浑厚、圆化、与物无争的和平天性，以及欣赏生命，虔敬宇宙，与直观静省的内心生活。中国人之人格世界在这方面确是独树一帜，可惜这种人格世界在工业技

① ［德］马克斯·韦伯著，冯克利译. 学术与政治：韦伯的两篇演说［M］. 北京：生活·读书·新知三联书店，1998. 42.

术改变后的宇宙的物理结构中，已经逐渐消逝。”① 又言：“中国的未来将是中国古典传统的现代化。在中国古典传统现代化之后，中国的历史之流将不会终断，并将继续长流；中国文化的光辉将不会熄灭，并将烛照天宇。中国的现代化，不仅是中国历史文化在‘势’上，并且亦在‘理’上必有与当有的发展。……中国现代化运动是一庄严神圣的运动，它不只忠于中国的过去，更忠于中国的将来。它不只在解救中国历史文化的危亡，更在把中国的历史文化推向一更成熟的境地。”② 依金先生所见，中西文化之间还是有着天然差异的，此虽无碍彼此各擅其美，但作为中国文化自身而言，却也不能自弃其美，尤其是中国文化中源远流长的注重天人合一、中正平和的独特传统，更需妥善葆养、存续和发扬，但可惜在浩浩汤汤的工业化大流不断冲刷之下，这样的文化传统已在中国人的人格世界中难得一见了。同时，金先生也对中国文化传统的现代化前景是持乐观和期冀态度的。其亦坚信，中国的整体意义上的现代化之路，必将是，也必要是承续传统、开创未来的，而其光明远景则是颇为可期的。余英时先生亦言：“儒家千言万语无非是要我们把做人的道理融化在‘日用常行’之中。综观历史，儒学的起信力量往往系于施教者的人格感召和受教者的善疑会问。一往一复之间，新信仰才能迸出火花。如果鉴往足以知来，儒学在二十一世纪是否会获得新生，恐怕还要看有没有大批的新‘人师’新‘身教’不断涌现。”③ 可知，作为中国传统文化以及传统教师文化之中坚成分的儒家文化与儒家教师文化，其生命力所在，即是人师之于“日用常行”中的以身示教的榜样模范作用。从这一重意蕴上而言，中国传统文化以及传统教师文化之现代转化能否获取成功的关键所在，仍是系于师者“立身行道”的实践力和感化力之有无与大小的。

---

① 金耀基著. 从传统到现代 [M]. 北京：中国人民大学出版社，1999. 43-44，自序：13.

② 金耀基著. 从传统到现代 [M]. 北京：中国人民大学出版社，1999. 43-44，自序：13.

③ [美] 余英时著. 现代儒学论 [M]. 上海：上海人民出版社，2010. 39-40.

归根结底，中国传统教师文化的现代转化所努力追求的乃是中国传统教师文化与现代教师文化的有机融通与完美结合，并由此缔造出一种全新的教师文化样态。而这一全新的教师文化样态的创生，不仅将会为中国教师文化也必将会为全球教师文化的发展提供新价值，做出新贡献。

第二节　中国传统教师文化的当代价值

中国传统教师文化在数千年绵延不息的历史进程中对中国传统文化与教育以及传统社会的整体发展过程均产生了深远影响。而中国传统教师文化的基本特质则主要表现为尊师重道的教师文化价值取向以及由全摄性、实化性、通达性、谦和性与新成性等所展现的师德本质意涵和以成己与育人、授知与启智、专攻与贯通等教师能力所体现的师能文化的核心表征等。而当代尊师重教的教师文化价值取向、立德树人根本任务的落实以及以人为本的全专业属性定位下的教师专业能力发展等，亦均可从以师道、师德与师能文化等所主要构成的中国传统教师文化中发掘和汲取诸多现实价值，进而推动当代中国各项事业的发展与进步。

第一，从尊师重道到尊师重教：教师文化价值取向的传承与创新。

尊师重道是中国传统教师文化的核心命题所在，而对这个命题的解读，则首先需要对道与师道这两个概念的意涵加以探讨和解析。在《礼记·中庸第三十一》中，曾对道的本质做出了基于天人和谐意向上的界定："天命之谓性，率性之谓道，修道之谓教。道也者，不可须臾离也，可离非道也。……唯天下至诚，为能尽其性；能尽其性，则能尽人之性；能尽人之性，则能尽物之性；能尽物之性，则可以赞天地之化育；可以赞天地之化育，则可以与天地参矣。"在《中庸》的如上表达里，道在本质上成为一种将自然性与人文性融通一体的统合性存在，虚渺的天道被赋予了具象的人道色彩，天道与人道之间存在着天然的和谐一体关系，而以“修道之教”和“尽性之学”为具体表征的人的自我完善则是达臻天人和谐的枢纽所在。基于人生完善与天下平治有机结合的内圣外王之道乃是我们对道之本质加以解读的另一基本视角。作为古典道家核心人物之一的庄子，便曾明确主张古之大道其实原本就是纯然一体的内圣外王之道，但在“贤圣不明，道德不一”的天下大乱的时代，“内圣外王之道，暗而不明，郁而不发，天下之人各为其所欲焉以自为方。……古人之大体，道术将为天下裂。”① 毋庸讳言，庄子置身于战国末年的乱世浊流之中，其虽对百家各执己说、蔽于一隅，不知返本归原的通弊洞悉明了，但对古之内圣外王的大道终将陷于四分五裂之地的时势所向，也只能是无可奈何的。无独有偶，古典儒家以“明明德、亲民、止于至善”与“格物、致知、诚意、正心、修身、齐家、治国、平天下”等“三纲领”“八条目”为基本样态的大学之道，其思想内核与庄子所倡导的内圣外王之道的精神实质也是若合符节的。具体来说，“三纲领”中的“明明德”为内圣，“亲民”为外王，而“止于至善”则为内圣外王的统一体。以“三纲领”为依据，“八条目”中的“格物、致知、诚意、正心、修身”乃为内圣的实现方式，而“齐家、治国、平天下”则为外王的实现方式，八者合而为一，则共同构成内圣外王的整体实现方式。关于内圣外王之道的精神实质的阐释，冯友兰先生的观点亦是颇具启迪的。冯先生认为，以内圣外王为基本表征的“极高明而道中庸”的人生境界，乃是“即世间而出世间”的，而拥有这种境界的人的生活，不仅是“最理想主义”的，也是“最现实主义”的，而所谓圣人，也即是具有内圣外王境界的人。而在对圣人所具之内圣外王境界应如何正确理解的问题上，冯先生则特别点明，“内圣是就其修养底成就说，外王是就其在社会上底功用说。圣人不一定有机会为实际底政治底领袖。就实际政治说，他

---

① 《庄子·杂篇·天下第三十三》

大概一定是没有机会底。所谓内圣外王，只是说，有最高底精神成就底人，可以为王，而且最宜为王。至于实际上他有机会为王与否，那是另外一回事，亦是无关宏旨底。”① 基于冯先生的观点，我们可对内圣外王之道的精神实质做出如下解读：若从表层语义来考量，内圣外王之道中的内圣与外王之间应是一种一体同在的共存关系，或者说，内圣与外王之间应是一种由内而外的同生共长关系。但究其实质，内圣外王之道更偏重的，乃是作为一种精神人格成就的内圣的达成，而至于外王之功业的实现与否，则因机缘和境遇的有无顺逆之别，其成败的结果也是不尽相同的，对此则无须过分牵系执着，而这实际上也是丝毫不会折损内圣外王之道的真实价值的。

师道一词在古典中的首现是在《汉书》中。据《汉书·匡衡传第五十一》载，汉宣帝时，在地方任官的匡衡因德才出众，多有学者向中央上书举荐其赴京师任职，太子太傅萧望之承命与匡衡问对后，即向皇帝上奏说其“经学精习，说有师道，可观览”。但汉宣帝不喜用儒，便仍遣匡衡归地方任官了。又据《汉书·朱云传第三十七》载，汉元帝时，华阴守丞傅嘉向皇帝举荐由朱云取代贡禹出任御史大夫，彼时已任太子少傅的匡衡就此应汉元帝对，其虽肯定了朱云从博士白子友“受《易》颇有师道”的表现，但仍极力反对破格提拔朱云，此事也便无果而终了。如上《汉书》中所出现的师道一词，指的乃是尊奉师说与学有师传的意思，这种注重师法的现象在汉代经学教育中非常普遍。此一层面下的师道意涵，侧重于凸显的是师者地位及师说与师传的权威性与合法性，而这一权威性及合法性实质上又是由师者及师说与师传所承载的道统性决定的。顾野王所撰之《玉篇》将师界定为是“教人以道者之称也”。韩愈在《师说》中则提出了“师者，所以传道、授业、解惑也”与“道之所存，师之所存”等经典论述。凡此观点均表明，师者其人、其说与其

① 冯友兰著. 新原道：中国哲学之精神［M］. 北京：中国青年出版社，2005. 5-6.

传固然是师道意涵的应有之义，但决定其人、其说与其传的道才是师道意涵的核心所在。质言之，在中国传统文化的语境中，师乃是道所决定下的存在，而师的主要任务也是围绕着道的传授来设定的，离开道这个内核，师的存在意义和价值功能也便荡然无存了。由此，道可视作师道的母体系统，师道则可视作道所决定下的人伦之道的一个重要组成部分，其类似于传统文化中所一般涉及的，诸如为君之道、为父之道与为友之道等，所指的即是为师之道，其主要关涉的是何以为师、为何为师与如何为师的问题，实质上也就是关于师的存在基础、价值取向与行为规范的问题。基于此种认知下的所谓师道，既是以道为依据的，又是以道为旨归与指引的，其着重强调的是师者这样一种特定的人伦角色所应遵循和履行的规范与职分所在，而这种规范与职分则体现出鲜明的以道为本的特点。

师道的以道为本的特点主要又是通过道与师道之间的内在关联而得以体现的，关于这一点，我们可从内圣外王之道与师之模范性和道统性之间关系的角度切入来加以深入分析。众所周知，中国自古以来就有重视师者立德垂范的传统，模范性始终就是师之为师的根本依据所在，即如《礼记·文王世子第八》所云："师也者，教之以事而喻诸德者也。"亦如扬雄所云："师者，人之模范也。"① 毋庸置疑，在中国历史悠久的师道传统中，师者身份的确立，归根结底乃是以伦理道德的成就为准绳的，知识与才艺等方面的专长和成就尽管也是师之为师的必备要件，但最终起决定作用的还是师者的人格与品德如何。而就师生之间教学活动的有效开展以及良好师生关系的建构来看，只有师者严于律己，自修道德，方可做到上行下效，化导弟子，令有所从。尤须关注的是，在传统师道的独特境域中，作为人之模范的师者的终极理想状态即是圣人，成为圣人式的流芳千古的师者，乃是师者由衷向往的最高荣耀

---

① 《法言·学行》

所在。可以说，在传统师道的境域中，圣人的境界即是为人师者的最高境界，成圣亦是为人师者的最高人生追求，这显然是与内圣外王之道的核心旨趣交相一致的。

师之道统性是我们解读内圣外王之道与师道内在关联的另一基本视角，从某种程度上而言，较之模范性视角，道统性视角在展现师道意涵的以道为本特点方面具有更加鲜明的代表性。学界通常认为，关于师之道统性的学说是以韩愈的主张为典型代表的，但需要点明的即是，韩愈主张的形成实际上也是对先秦以来历代道统学说之精华加以集成的结果，也并非是自行特立新创而成的，其中是有一条清晰宛然的变迁线路可寻的。克实而论，孔子作为中国历史上最为著名的师者，可视作师之道统学说历史变迁的真正意义上的奠基者。孔子认为自己乃是一个“述而不作，信而好古”① 的人，并屡屡表达出对尧舜禹周公等往圣先贤的无限崇仰与追慕之意，这实际上也是意旨鲜明地描绘出了一幅历代圣贤道统脉路承传的谱系图。《礼记·中庸第三十一》则指出“仲尼祖述尧舜，宪章文武”，这其实亦是秉承孔子的作略，将圣贤道统脉路的传续予以继续确认和强化。而在孟子的视角里，这一道统脉路的承传图景则变得更加清晰和完整。孟子指出：“五百年必有王者兴，其间必有名世者。”② 又讲道：“由尧舜至于汤，五百有余岁，……由汤至于文王，五百有余岁，……由文王至于孔子，五百有余岁，……由孔子而来至于今，百有余岁，……。”③ 如上，孟子把自己心目中所认可的历代承续道统的代表性人物，自尧舜以至孔子等一一罗列出来，一幅道统承传变迁的完整景象可谓一目了然，尽收眼底了。及至两汉之交，扬雄对道统问题所做的梳理亦是颇具代表性的。扬雄指出：“学之为王者事，其已久矣。尧、舜、禹、汤、文、武汲

---

① 《论语·述而篇第七》

② 《孟子·公孙丑下》

③ 《孟子·尽心下》

汲，仲尼皇皇，其已久矣。”① 扬雄在这里重点强调的是道统中的外王之道的变迁和承续问题，他主张教学活动的开展以及师生关系的建构等均应以承续外王之道的传统为基本准则。在中唐时代道统没落、师道式微的社会大背景下，唯独韩愈不苟俗流、抗击群弊，奋力于承续道统、激扬师道的事业之中，而颇令同好者所称道。从某种程度上而言，韩愈的师之道统主张的出现，可视作是对历代师之道统学说的集成之说，这一主张在其所作的《原道》和《师说》等经典文章中得到了集中阐发。韩愈在《原道》一文中指出：“夫所谓先王之教者，何也？博爱之谓仁，行而宜之之谓义，由是而之焉之谓道，足乎己无待于外之谓德。……其为道易明，而其为教易行也。……尧以是传之舜，舜以是传之禹，禹以是传之汤，汤以是传之文、武、周公，文、武、周公传之孔子，孔子传之孟轲。轲之死，不得其传焉。”韩愈在这里设定了一条自尧舜而至孔孟的儒家圣贤道统脉路，不难发现，韩愈所设定的这条道统脉路上的代表性人物，除了孔子与孟子两位圣人囿于自身际遇的限制而未在外王之道上获取成功之外，其余均实现了内圣外王之道的完满成功，师道的基于内圣外王之道的理想化诉求于此可谓展露无遗了。此外，韩愈在对如上道统脉路的梳理中还独陈己见地认为，自孟子之后，这一道统的承传出现了中断的情况，那么，自孟子之后，特别是自汉武尊儒之后，直至韩愈道统说出现之前，这一所谓儒家道统的承传显然是均不具有韩愈眼中的合法性的，以如此异乎寻常的眼光来审视和评判由汉至唐的儒家道统变迁历程，无论其主张是否具有充分的合理性，都是引人深思的。同时，韩愈在《师说》和《原道》等文中亦指明，自魏晋以来，师道日益衰颓不振，儒道的正统地位受到了其他学派的强劲冲击，道统的承传面临着严重危机。故而，韩愈强调，在异常严峻的时代背景下，师者勉力传道的使命担当应变得更加自觉和迫切

---

① 《法言·学行》

起来。显见，就韩愈所主张的这一儒家道统的标准范式而言，其是将以儒家仁义道德等思想元素为内核的先王之教视作道统的标准范式的，而其所力倡的师者应承传的道，也即是指基于这样一种标准范式的儒家先王之教而言的。故此，从韩愈的这一基本立场来看，凡是可以存续这一儒家先王之教的师者，即是与道同在的师者，师者的以道为依据的合法性地位也即得以保障，而师者也便获得了顺理成章的道统身份，成为在道统脉路上与历代儒家圣贤一脉相承的志同道合者。

在师道的论域中，几乎没有哪个论题，能像师道尊严一样既备受关注而又广受争议，这一特殊情形的存在，不仅彰显了师道尊严在师道论域中所处的核心地位，同时也使得我们对其的解读常常陷入左支右绌的境地，难窥真貌亦难克全功。质而言之，师道尊严有其独特的逻辑理路，这一逻辑理路集中体现为一种政治治理、施教育人与立身行道之间的一体化关系，其重在展现的是师道的价值定位、功能发挥与成效实现的一体化特质，也即师道尊严的本然性与实然性之间本质关联的问题，这乃是对师道尊严加以解读的逻辑理路所在，而事实上诸多关于师道尊严的论争在很大程度上也正是基于这一逻辑理路上的分歧所引发的。以此逻辑理路为思维主线，对师道尊严的解读一方面可依循师者与政治治理及施教育人相互关联的逻辑向度展开；另一方面，对师道尊严的解读则可依循师者立身行道的逻辑向度展开。这实质上是立足于师者之参政施教与立身行道的双向一体化角度来对师道的价值定位、功能发挥与成效实现等问题加以探讨，而这一双向一体化的逻辑向度在精神实质上亦与以内圣外王之道为思想内核的师道意涵之间存在着高度的契合性。

师道尊严的正式提出是在《礼记·学记第十八》中，其文曰："凡学之道，严师为难。师严然后道尊，道尊然后民知敬学。是故君之所以不臣于其臣者二：当其为尸，则弗臣也；当其为师，则弗臣也。大学之礼，虽诏于天子无北面，所以尊师也。"需要指明的是，在这里，师道尊严实际上是以师严道尊的表述方式来加以呈现的，而后来习以为常的所谓师道尊严的说法，其实正是由师严道尊一说衍变而来的，看似仅是四字语序上的微小调整和变化，却从逻辑理路上对师道尊严的差异化解读产生了深刻影响。郑玄在《礼记正义》中，将此处的“严”解释为“尊敬也”，并把天子视察大学时所遵行的“弗臣于师”之礼解释为“尊师重道焉，不使处臣位也”。据郑玄的解释，此处的师严道尊以及由之衍生的师道尊严实质上就是指的尊师重道之意，这与后来那种较具代表性的对师道尊严的解读着重凸显师者所具之严厉性或权威性的逻辑理路显然是有所不同的。同时，该文还指明，尊师乃是教育中的一桩难事，唯有尊师方可做到重道，唯有重道方可感化民众对教育生起由衷的崇敬之心，而唯其如此，“建国君民”和“化民成俗”的政治治理目标方可有效达成。此外，从某种程度上而言，关乎传统社会中政治治理命脉的上自君王之培育下至民众之教化的成功，实质上也均是系于师者之慎选与师道之树立上的。即如《礼记·学记第十八》所明言的：“故师也者，所以学为君也，是故择师不可不慎也。《记》曰‘三王四代唯其师’。其此之谓乎!”亦如周敦颐所主张的：“师道立，则善人多；善人多，则朝廷正，而天下治矣。”[①] 同时，若从中国传统社会的历史发展样态着眼来加以进一步考量的话，官师一体与政教合一的政治与教育传统也从另一侧面有力彰显出师道尊严之于政治治理的独特价值。关于这一点，马端临便曾做过清晰的论述：“盖古之为吏者，其德行道艺，俱足以为人之师表，故发政施令，无非教也。以至使民兴贤，出使长之；使民兴能，入使治之。”[②] 当然，马氏在此处是用了一种或然的论述笔法，看似还不能全然确定上古时代是否真实存在过这样一种基于官师合一的政教清明景象，但从其论述的语气上来感知的话，马氏实则还是倾向于认可这一存在的真实性的。此外，章学诚也提出了与马端临相似的见解，

① 《通书·师》

② 《文献通考·自序》

他指出："教之为事，羲、轩以来，盖已有之。观《易·大传》之所称述，则知圣人即身示法，因事立教，而未尝于敷政出治之外，别有所谓教法也。虞廷之教，则有专官矣；司徒之所敬敷，典乐之所咨命；以至学校之设，通于四代；司成师保之职，详于周官。然既列于有司，则肄业存于掌故，其所习者，修齐治平之道，而所师者，守官典法之人。治教无二，官师合一，岂有空言以存其私说哉?"① 如上章氏所发观点在论述风格上，显然也体现出类似于马氏等史家在立论析论时所一贯谨严守实的斟酌权衡色彩，但其在得出对诸如伏羲、黄帝和舜等上古圣王所秉持的"治教无二，官师合一"之政治治理模式的肯定式论断上，还是自然而然地表露出了一种所言凿凿与所信无疑语气的。克实而论，中国历史上正式意义的师者和学校的产生，实质上正是政治实践发展的一种必然结果。孟子曾言："夏曰校，殷曰序，周曰庠，学则三代共之，皆所以明人伦也。人伦明于上，小民亲于下。有王者起，必来取法，是为王者师也。……后稷教民稼穑，树艺五谷，五谷熟而民人育。人之有道也。饱食、暖衣、逸居而无教，则近于禽兽。圣人有忧之，使契为司徒，教以人伦，父子有亲，君臣有义，夫妇有别，长幼有序，朋友有信。"② 司马迁在《史记·五帝本纪》中亦写道："舜曰：'契，百姓不亲，五品不驯，汝为司徒，而敬敷五教，在宽。'"这里的五教即为"父义，母慈，兄友，弟恭，子孝"等，与孟子所说的五伦之教乃是一致的。《周礼·地官》则云："惟王建国，辨方正位，体国经野，设官分职，以为民极。乃立地官司徒，使帅其属而掌邦教，以佐王安扰邦国。"《周礼·春官》亦云："大司乐掌成均之法，以治建国之学政，而合国之子弟焉。凡有道者，有德者，使教焉。"由此可知，无论是在以尧舜为代表的五帝时期还是在以西周为代表的三代时期，诸如司徒、司乐、乡师、闾师、乐师等师者和庠、序、学、校、辟雍、泮宫

① 《文史通义·原道中》

② 《孟子·滕文公上》

等学校的产生，实质上均是政治实践发展的自然产物。师者本身即是政府委任的行政官员，而学校则是政府设置的集教育与治理为一体的行政机构。学校教育对象则包含了上自王公贵族下至平民百姓等群体，学校教育的目的是为了实现人伦昌明与国治民安等。而学校教育与政治治理所希望达成的最理想化状态，乃是在《礼记·礼运第九》中借孔子之口所提出的“大道之行”的“天下大同”的状态，即所谓：“大道之行也，天下为公。选贤与能，讲信修睦，故人不独亲其亲，不独子其子，使老有所终，壮有所用，幼有所长，矜寡孤独废疾者，皆有所养。男有分，女有归。货，恶其弃于地也，不必藏于己。力，恶其不出于身也，不必为己。是故，谋闭而不兴，盗窃乱贼而不作，故外户而不闭，是谓大同。”总之，师道尊严的本义是可从官师一体与政教合一的政治治理的逻辑向度来加以如实展现的。可以说，师道尊严乃是以政治治理目标的达成作为终极追求的，若从这一逻辑理路上去探察的话，其实所谓师道尊严只是政治治理目标得以实现的必要条件，而非终极结果，核验师道尊严之价值有无的标准和尺度实质上乃是政治治理的成败得失，而非尊师重道本身。换言之，若从政治治理的宏观逻辑视角出发，师者其人其道只有在为政治治理目标的达成做出应有贡献时，方可获得真正的尊严。倘若只有师道之名却无对政治治理贡献之实，而却一味强求所谓的师道尊严，也便造成了师道尊严的名实不符甚或扭曲膨胀，这显然也是与师道尊严的逻辑理路不相一致的。

师者除致力于参与政治，以为政治治理做出独特贡献而获得师道尊严之外，同时亦要施教育人，以促进学者的个体发展来获取师道尊严，这乃是我们对师道尊严的逻辑理路加以审视的基本微观视角所在。班固等所撰之《白虎通义·辟雍》有云：“学之为言觉也，悟所不知也。故学以治性，虑以变情。故玉不琢，不成器；人不学，不知道。……是以虽有自然之性，必立师傅焉。……天子太子，诸侯世子，皆就师于外，尊师重先生之道也。”这种从促使学者之觉悟的角度来对学的特质加以定位，并由此凸显出师者其人其道对学者其人其学所具特殊价值的主张，与孟子所提出的师者之于学者的“使先知觉后知，使先觉觉后觉也”① 的基本认知在本意上亦是一致的。其重在阐明的是，学者虽有天赋之自然本性，但此自然本性却不会自行觉悟，必要有已然先行知觉之师者的开导指引，学者方可渐知渐觉，最终学有所成。因此，师者其人其道对于学者的成功和成就而言，自是不可或缺的要件和基础了。韩愈在《师说》中也曾开篇明言：“古之学者必有师。”韩愈此语固然是要为其后面详论道之于师的决定作用加以铺垫，但同时也是开门见山地点明，师者乃是学者学而有成的必要前提，对于学者的个体发展而言，必须要以师者为依凭和保障，舍此之外，别无他途。可以说，正是由于师者所具有的这样一种独特地位和功能，其所获得相应的尊严对待，自然也就是理所应当的了。同时，对学者而言，成圣乃是个体发展的理想目标所在，而能否实现这个目标，也是与师者的作用以及尊师的态度和行为之间存在着必然的因果关联的。在这个问题上，荀子是做过颇具启发的论析的。荀子以师者为枢纽，并将其与礼、道、圣人及学者等相关元素构建为一个钩锁连环的统合体，而师道尊严之于学者个体发展的至关重要价值也即于此彰显无遗。具体来说，荀子是将礼视作“人道之极”的，并认为圣人即是“道之极也”②，而所谓学者之学，其数是“始乎诵经，终乎读礼”的，其义则是“始乎为士，终乎为圣人”③的。在荀子看来，学者所学之内容是以礼为其总成的，而所学之目的则是以圣人为其总归的。基于此，荀子指出，学者应是以礼来正身的，而师者则又是用来正礼的，因此，学者无师则无以知礼安礼，有师则可“情安礼，知若

① 《孟子・万章上》
② 《荀子・性恶篇第二十三》
③ 《荀子・劝学篇第一》

师，则是圣人也。”① 可见，荀子所主张的师，不仅是礼的明达者和奉行者，更是礼的督正者与传授者，如此之师，即是可以达臻礼与道之极致的所谓圣人之师，而弟子以圣人之师的教导和仪范为轨则和表率，自然也就可以臻于圣贤之域了，由此，师道尊严的获得也便是顺理成章的了。此外，《吕氏春秋・孟夏纪第四・劝学》中也表达了与荀子类似的论张：“圣人生于疾学，不疾学而能为魁士名人者，未之尝有也。疾学在于尊师，师尊则言信矣，道论矣。”可知，疾学乃是学者实现由凡臻圣转化的关键所在，而疾学获致成功的关键则又是系于尊师重道的，如若没有对师者其人其道的充分尊重和信从，学者之学而为圣的发展目标终究还是无法实现的，因此，学者个体发展问题得以有效解决的枢要其实还是在于尊师重道。

在师道尊严的逻辑理路中，道始终都是居于本体地位的决定性存在，而立身行道则是师者基于道的本体性价值导向而做出的必然实践反应。同时，师者的自我价值以及师者之于政治治理与施教育人的外在价值等，也均是需要依凭师者的立身行道方能得以真正实现。并且，若从对师道尊严逻辑理路的展现深度和力度上来考衡，师者之立身行道较之于政治治理与施教育人，是更具本位性的，也是更具表现力的。具体来说，师者以立身行道为本务的自然性诉求，乃是其在政治治理与施教育人上的理念基础所在，师者投身于政治治理与施教育人的实践行为也正是对这一理念基础的必然回应，而立身行道则贯穿于师者之政治治理与施教育人的全部实践行为之中，并成为核验其实践行为得失成败的根本判定标准所在。因此，无论是政治治理还是施教育人的逻辑向度，均须与师者之立身行道的逻辑向度之间达成贯通一气的一体化关系，方可如实展现师道尊严逻辑理路的全貌。可以说，师者之立身行道乃是师道尊严的内在诉求与外在表现的有机统合体，而这个有机统合体所

---

① 《荀子・修身篇第二》

遵行的逻辑理路，从其价值取向和实践行为上来看，则既是“师以为道”的，又是“以道为师”的。换言之，师者之立身行道乃是以对道之本体性的自然展现为原始依据的，也即如孟子所说的“由仁义行，非行仁义也”①。在此需要点明的即是，这实质上并不是一个关乎师者之立身行道的应然性问题，而是一个本然性和自然性的问题。在日常的教师实践中，我们总是要求教师应当如何，仿佛非此就无法获得尊师重道一般，但就师道尊严的本质精神而言，尊师重道却并非就是应当去尊师重道，而是本来就是尊师重道的，坚守这种师道尊严之本然性和自然性精神特质的反倒在教师实践中被视作是一种超越性的表现，其实这恰是对尊师重道本质的一种曲解甚至是误解。质言之，立身行道并非是要给师者增加什么引以为尊的光环，而是师者本当如此的自然要求，倘若师者因立身行道而获得尊严的话，那么，这种尊严实质上乃是道所本具并以之自然赋予师者的。因此，基于师道尊严的这一本然性和自然性立场，能够立身行道的师者乃可被视作是道之化身，而与道的一体化关联也便成为师者“造次必于是，颠沛必于是”的“不可须臾离也”的实存样态，这也即是孔子所说的师者之“无私无隐”的状态，而也正因其能够与道相合为一，因此也便是“素位而行”和“从心所欲不逾矩”的。

这里，还应明确的一点即是，倘若我们意欲探明师者之立身行道的本真特点与完整面貌，则还需以师者之行道作为中枢环节，并结合师者之志道、任道和传道等其他相关环节来展开更加细致深入的解析。孔子曰：“志于道，据于德，依于仁，游于艺。”② 依孔子所言，师者既然是以道为志之所在，那么自然也是要以道为己任，并汲汲于行道与传道的。在师道尊严的逻辑理路中，作为立身行道之导向和承载系统的师者之志道与任道是带有鲜明的天赋使命色彩的，并因此彰显出张力十足的自觉性与自主性，可以说，这一特点

---

① 《孟子·离娄下》

② 《论语·述而篇第七》

在孔孟等儒家圣人式师者那里是得到了充分体现的。例如，孔子便曾明确主张："人能弘道，非道弘人。"① 与孔子相类似，孟子也曾提出："夫天未欲平治天下也；如欲平治天下，当今之世，舍我其谁也？"② 克实而论，师者之肉体生命终究将归于朽灭，而作为其精神生命之内核的道，则会在师弟子之间的代代传承下，薪火相续，绵延不绝。即如庄子所云："指穷于为薪，火传也，不知其尽也。"③ 因此，在师者之志道、任道与行道三者得以融会统合的基础上，传道环节的介入和发挥作用，则是在所必然的了。孟子曾讲道："君子有三乐，而王天下不与存焉。父母俱存，兄弟无故，一乐也；仰不愧于天，俯不怍于人，二乐也；得天下英才而教育之，三乐也。君子有三乐，而王天下不与存焉。"④ 显见，孟子自身即是以承传儒家之大道为己任的，其对弟子的选择和期待亦是如此。故而，倘能得到与自己志趣相投的堪传大道之才，则足以使得大道泽被天下，永世流传，师者有此等英才作为弟子，那自然是善莫大焉，乐莫大焉的了。

尊师重道是中国传统教师文化的根本价值取向所在，而当下所强调的尊师重教的主张实质上亦是在新时代背景下对尊师重道的教师文化价值取向的传承与创新。质言之，在中国传统社会数千年的历史变迁中，形成了以尊师重道为典型样态的教师文化传统，其不仅深刻地影响了中国传统教育与教师的发展进程，同时也对中国传统文化与社会的整体变革产生了深远影响，而这种影响从本质上乃是通过尊师重道与王道理想之间所存在的相融共通与和谐一体关系得以体现的。因此，对尊师重道这一中国传统教师文化根本价值取向的透解与把握，显然是不能离开两者之间的这一本质关联而孤立进行的。

---

① 《论语·卫灵公篇第十五》

② 《孟子·公孙丑下》

③ 《庄子·内篇·养生主第三》

④ 《孟子·尽心上》

如果说尊师重道是中国传统教师文化的根本价值取向的话，那么，尊师重教则是这一传统教师文化根本价值取向的当代新样态，两者之间的关系既是一脉相承的，又是与时俱新的。无论古今如何变迁，致力于国治民安的美好诉求都始终是历代教师文化价值取向的基本旨趣所在，而在新时代的背景下，教师文化价值取向又被赋予了新的历史意向与时代蕴涵，并焕发出与时俱进的蓬勃生机与旺盛活力。新时代尊师重教工作的价值取向需要有新时代的历史站位，要站立在新时代的历史方位之中，实事求是而又高屋建瓴地构筑新时代尊师重教工作的价值取向体系。新时代的历史方位充分明示我们，唯有将尊师重教工作价值取向体系的构筑投放于新时代发展的历史洪流与时代大势之中，顺时而起，乘势而为，方能也必能促使我们在新时代尊师重教工作上做出无愧于时代与民族的成就。

具体而言，新时代尊师重教工作价值取向体系的构筑，不仅要大力肯定中国特色社会主义事业已然取得的伟大成就，还要充分彰显新时代中国特色社会主义的道路、理论、制度和文化的强大自信，更要努力呼应中华民族基于新的历史方位而提出的新的发展诉求，并勇于担负新的愈加艰巨而厚重的历史使命和时代责任。克实而论，以尊师重教为基本特质的当代教师文化价值取向的设定，最为根本的一点就是对我国发展的新时代的历史方位的审明与依循，要切实从国家强盛、民族复兴与人类发展等新时代背景下的宏远战略目标出发，有效继承尊师重道的教师文化价值取向致力于谋求大众福祉与天下平治的优良历史传统，积极弘扬尊师重教的社会风尚并努力提高教师的政治地位、社会地位与职业地位，让广大教师享有应有的社会声望，从而使其在教书育人的岗位上为党和人民事业做出新的更大的贡献。

第二，传统师德的本质意涵与立德树人根本任务的落实。

在中国传统师德文化数千年的历史发展进程中，关于师德本质意涵的思想洞见和理论卓思，从来是不乏其举的。概而言之，对中国传统师德本质意涵的解析，主要可从师德的全摄性、实化性、通达性、谦和性与新成性等几个方面来加以阐释和展现。《白虎通义·卷四·辟雍》有云：“师弟子之道有三：《论语》：‘朋友自远方来。’朋友之道也。又曰：‘回也，视予犹父也。’父子之道也。以君臣之义教之。君臣之道也。”这是将君、父、师三者关联在一起，并以此三者定为人之三尊，同时将师弟子之道划分类比为朋友之道、父子之道与君臣之道等三类，从而将师生关系与朋友、父子、君臣等人伦关系融通为一体化的关系存在。师者之德若依此论断来加以设定的话，则是一种全摄之德，其既有师生之德的面向，又兼有朋友之德、父子之德和君臣之德的面向，师德的含摄面可谓是完整地包纳了传统社会人伦关系的各个主要向度，从这一重意蕴上而言，师德对于传统社会中的国家治理与民众教化的至关重要性则是不言而喻的了。《礼记·文王世子第八》有云：“师也者，教之以事而喻诸德者也。”扬雄亦言：“师者，人之模范也。”① 可见，师者身份的确立，归根结底乃是以伦理道德的成就为准绳的。孔子则明确主张：“其身正，不令而行；其身不正，虽令不从。”② 在孔子看来，教师应当是一个在道德方面足以成为学生榜样的人，这样的教师在施教过程中可以依靠自身所具备的榜样的力量对学生产生真实深入的影响，并在师生之间自然传递这样一种力量。孟子也讲道：“枉己者，未有能直人者也。”③ 孟子强调教师应当是以身作则，为人师表的。为人师者倘不能率身以行道德，则无以服人，教师本身就应当是嘉言懿行的实践者，而非仅仅以此来指导和约束别人。凡此种种传统师德的论张，本质上均阐明了师德乃是一种实行感化之德，为人师者只有在修身立德上以身作则、率身垂范，方能真正感化学生，使之心悦诚服，奉行师教。克实而论，师德的实化性正是传统师德得以数千年来生生不息的

① 《法言·学行》
② 《论语·子路篇第十三》
③ 《孟子·滕文公下》

根本保障所在，而对传统师德理论之现实价值的发掘和应用也自当以此为根柢。传统师德本质意涵的另一基本面向即是通达之德。孔子提出："仁者不忧，知者不惑，勇者不惧。"①《礼记·中庸第三十一》则云："知、仁、勇三者，天下之达德也，所以行之者一也。或生而知之，或学而知之，或困而知之，及其知之，一也。或安而行之，或困而行之，或勉强而行之，及其成功，一也。子曰：'好学近乎知，力行近乎仁，知耻近乎勇。知斯三者，则知所以修身；知所以修身，则知所以治人；知所以治人，则知所以治天下国家矣。'"智、仁、勇三达德观点的提出，使得传统师德无论在意涵设定还是实践取向上，均更显有本可依、通贯畅达，师者需依此三达德来安身立命，并以之推己及人，直至实现内圣外王的终极理想。谦和之德乃是传统师德本质意涵的另一基本面向。韩愈在《师说》中提到"圣人无常师"，其意在凸显孔子等先圣虚心向学，甚至不耻下问的谦虚品德。孔子本人则曰："三人行，必有我师焉：择其善者而从之，其不善者而改之。"② 又明言："若圣与仁，则吾岂敢。抑为之不厌，诲人不倦，则可谓云尔已矣。"③ 谦德若按《周易》中的阐释乃是无所不吉之德，其意重在表明务谦之人能够不以自矜而又善择人长，而师者一旦具备了这样的美德也即是无往不利的。同时，师者倘能以谦立德，自然也就容易做到"和而不同"与"海纳百川"，并由此获得源源不绝的师德生长动力，从而养成谦和大度的师者盛德气象。商汤《盘铭》有云："苟日新，日日新，又日新。"除旧布新、继往开来始终是中华传统文化中的一大闪亮特质。孔子亦明确主张："温故而知新，可以为师矣。"④ 孔子对教师属性基于温故知新特质上的简明界定，也为我们在新成性向度上探明传统师德理论

---

① 《论语·宪问篇第十四》

② 《论语·述而篇第七》

③ 《论语·述而篇第七》

④ 《论语·为政篇第二》

本质意涵的全貌提供了另一重要视角。师者立德治学的过程注定是也必然是一个持之以恒而又循序渐进的新新不已的过程，这里的关键即在于师者需要在一个持续而完整的师德养成过程中不断做到不废旧功而又有所新成。

对于当代师德文化问题的审视与探究，需要以立德树人根本任务的落实为基本出发点和最终归宿，并在积极继承传统师德文化精华的基础上，努力呼应新时代背景下对师德文化发展所提出的一系列新要求，从而使得我国源远流长而又与时俱进的师德文化不断取得新进展并贡献新价值。毋庸置疑，教师具备高尚师德是当下立德树人根本任务得以落实的基本前提和必要保障，当代教师需要在诸如政治品格、精神操守、行为规范与专业素养等多元一体化方面养成和彰显高尚师德。而传统师德在本质意涵上亦是一种多元思想面向和谐统一的系统化存在，其理论精蕴即在于对以德为本旨趣下的立师和育人的价值观追求及其达成方式的申张和倡扬，究其实质，亦是与新时代背景下所倡导的服务于立德树人根本任务落实的师德要求若合符节的。

教师由于具有公民美德，并可以在教学生进行专业学习中来示范其美德，这使得教师专业具有极强的专业性，而教师专业与其他专业的迥异之处也正在教师公民美德所具有的兼善天下的重要特质。① 据此不难判断，作为一种专业化的教师职业与其他专业化职业的根本区分之处，实质上还并非是在“授业”问题上，而更是在“育人”问题上。可以说，教师职业相对于其他职业颇具其特色化的理想信念，这一理想信念即是传统文化意义上的“至道”，实质上也就是天下平治之道，教师职业的存在价值就是努力实现对“至道”的修炼与传承，并能够把善意精深之学传递给学生，研究高深学问，穷极真理，作为其专业发展的不变理想和不懈追求。应以善为中心，将学校、学生和教师贯通一气，学校为首善之地，学生乃续善之人，教师则当是求善人士和行

① 朱旭东. 论教师专业发展的五个基础［J］. 当代教师教育，2010，(03)：15.

善楷模。① 显见，中国教师文化传统中的师德文化精华成分对于当下教师落实立德树人的根本任务而言仍是弥足珍贵的生长资源。从某种程度上而言，一方面，传统师德文化可以视作是当代教师高尚师德得以生成的源头活水所在。另一方面，中国传统教师文化中一以贯之的以德立师与育人的师德文化传统在新时代的背景之下亦获取了源源不绝的发展动力，并愈加彰显出前所未有的生机与活力，传统师德文化与当代师德文化正日渐贯通为和谐有机的一体化关系，这也将有力促进当代立德树人根本任务的有效落实。

第三，能者为师与以人为本的全专业属性定位下的教师专业能力发展。

以能者为师作为核心表征的传统师能文化是中国传统教师文化的基本构成部分之一，其所指向和含摄的主要是教师基于自身特定职业角色而应具备的一系列能力，从传统师能文化的特点出发，我们可以把这些教师能力主要概括为三对相辅相成的能力，即成己与育人、授知与启智以及专攻与贯通的能力。

徐复观先生曾言："中国文化，既不是以神为中心而展开的，也不是以自然为中心而展开的，很早便是以人的自身为中心而完成其发展；因此，中国文化，似乎不妨称为人文主义的文化。"② 中国文化具有鲜明的人文主义特质，其向来是注重以人为本的。而作为中国传统文化的一个基本组成部分的传统教师文化的人文主义特质亦是非常显明的，其始终是将人视作教育过程中的核心要素的，而这里的人所指涉的乃是教师与学生双方，由此也便意味着，教师需要具备成己与育人的双重能力，方可切实履行师职。在中国传统教师文化那里，教师首先是一个学而不厌的学习者。通过学习不断促成自身的成长，成为学有所能的人，乃是担当为人师者的必要前提所在。基于此，孔子

① 李保强，薄存旭．"教学相长"本义复归及其教师专业发展价值［J］．教育研究，2012，（06）：133．

② 徐复观著．中国人的生命精神［M］．上海：华东师范大学出版社，2004．174．

所主张的“学而为己”，以及孟子所强调的“深造自得”等，也便均可视作是对教师需具备成己能力论题上的深刻阐发。同时，中国传统教师文化在诉诸教师应学而成己的同时，还主张教师应诲人不倦地去教以育人。此外，《礼记·中庸第三十一》所提出的“修道之谓教”，以及《礼记·学记第十八》所述及的“教学相长”等，则体现出一种对教师所应具备的基于为学与施教一体化角度上的成己与育人能力的独特辩证申张。而就为学与施教两者之间关系相比较来看，为学则是更具基础性和本位性的。教师的学而成己乃是其教以育人的前提和保障所在，而教师的为学与施教之间的关系本质上则是一体化的。

在传统师能文化的视野下，教师首先是授知者，但更重要的则应是启智者，教师要具备授知的能力，但更要具备启智的能力，学生需要从教师那里获取的，不仅是知识，更应是智慧。授知只是完成了知识在师生之间的简单传递，而启智则实现了学生在教师的启发与指导下对自身智慧的开发和生长，并由此达成从知识获取到智慧生成的全方位、深层次与可持续的个体发展。这一点在传统启发式教学的独特模式中是具有突出表现的。例如，孔子便主张：“不愤不启，不悱不发，举一隅不以三隅反，则不复也。”① 孔子施教时非常注重不失时机地对学生加以启发引导，从而帮助学生实现学习的提升。这里的“举一反三”所反映的已不仅仅是学生知识发展所能达到的水平，而更是其智慧生长所能达到的程度。此外，《礼记·学记第十八》亦云：“君子之教喻也，道而弗牵，强而弗抑，开而弗达。道而弗牵则和，强而弗抑则易，开而弗达则思。和易以思，可谓善喻矣。……君子知至学之难易，而知其美恶，然后能博喻，能博喻然后能为师。……记问之学，不足以为人师。必也其听语乎？力不能问，然后语之；语之而不知，虽舍之可也。”这里的善喻之

---

① 《论语·述而篇第七》

教指的即是启发引导式的教学，而记问之学则主要反映的是简单化的知识传授式教学。据此可知，教师仅仅具备了传授知识的能力，在承担教职上还是有所不足的，唯有具备了对学生启发智慧、善加引导的教学能力，方堪当师职。

韩愈在《师说》中讲道："弟子不必不如师，师不必贤于弟子，闻道有先后，术业有专攻，如是而已。"其意在强调师弟子之间关系的建构，是以闻道之先后和术业之专攻作为依据的，可见能为师者的一个必要前提即是要有专攻之术业，而在中国传统教育中所经常提到的诸如经师、业师等说法，其实所涉及的主要也便是师者术业专攻方面的问题。但在传统师能文化的语境中，对于教师能力的评定，从来不仅仅是局限在专业才能这个单一向度中的。孔子提出："君子不器"①，并强调"吾道一以贯之"②。这说明，作为合格的师者，不仅要有专能，更要有通能。而正像曾子认为孔子"一以贯之"之道是忠恕之道一样，中国传统教育中所要求师者具备的通能，实质上指的乃是通德通识之能，而非博才多艺之能。荀子曾提出："师术有四，而博习不与焉：尊严而惮，可以为师；耆艾而信，可以为师；诵说而不陵不犯，可以为师；知微而论，可以为师。故师术有四，而博习不与焉。"③ 荀子在这里所强调的，也是将师者所具备的道德与学识等能力视作是超乎于博才多艺之能的更加本位的教师能力规定性的。钱穆先生亦指出："中国传统教育，也不提倡通才，所提倡者，乃是通德通识。故曰：'士先器识，而后文艺。'有了通德通识，乃为通儒通人。人必然是一人。各业皆由人担任。如政治、如商业，皆须由人担任。其人则必具通德，此指人人共通当有的，亦称达德。担任这一业，也须懂得这一业在人生大道共同立场上的地位和意义，此谓之通识。通德属

① 《论语·为政篇第二》

② 《论语·里仁篇第四》

③ 《荀子·致士篇第十四》

于仁，通识属于智。其人具有通德通识，乃为上品人，称大器，能成大业，斯为大人。若其人不具通德通识，只是小器，营小事，为下品人。"① 依钱先生所见，人人虽皆当有专攻之术业，但人人亦须有共通之德识，如此方可真正成为一上品之大人。故而，师者也自是要成为这一重意蕴上的既专且通之人，方堪当成己育人之师职。

在当代教师专业能力发展问题上，又当如何有效发掘和借鉴传统师能文化的现实价值呢？关于此问题，我们可以基于以人为本的全专业属性定位下的教师专业能力发展模式来予以应对和解决。以人为本的全专业属性定位下的当代教师专业能力发展模式与传统师能文化语境下的能者为师需要具备成己与育人、授知与启智以及专攻与贯通等能力的基本主张在本质上乃是相合相通的。从某种程度上而言，只有始终围绕人这个核心要素来设计当代教师专业能力发展的规划方案，并将之行之有效地付诸实践，方能开掘和激发出教师专业能力发展的源头活水与不竭生机，并不断培育出全面发展的各类专业人才，使之更好地为当代中国各项事业的发展提供强有力的人力资源支撑。可以说，当代教师专业能力发展模式对以人为本职业立场的选定与持守，不仅是对传统师能文化一贯主张的有效继承与发展，也是对当下教师职业所具有的不可替代专业属性的必要凸显和张扬。顾明远先生即强调，"必须使教师职业具有不可替代性"，而这种不可替代性的一个必要条件，在他看来就是教师专业的特殊性，这种特殊性则主要表现在教师工作对象的人本性、教师工作的育人性、教师工作的非工具性等三个方面。这三个方面实质上都紧紧围绕着教师职业如何来履行好培养人这一根本任务和职责而展开的，其核心特质仍然是诉诸于以人为本的价值追求的。顾先生同时指出："教师是一种专门职业，他应该是知识的传播者、智慧的启迪者、情操的陶冶者、心灵的铸造

① 钱穆著. 国史新论［M］. 北京：生活·读书·新知三联书店，2001. 198.

者，他还应该是一个教育的研究者。”① 这里，顾先生对教师这一专门职业角色的设定，体现出对教师专业能力发展的全面性要求，教师在知识传播、智慧启迪、情操陶冶、心灵铸造和教育研究等诸多方面做到专业能力的全面发展，才能体现出其职业的专门性。笔者认为，“教师的‘全专业属性’是指一个教师在完成教会学生学习、育人和服务的使命中所表现出来的学、教和学科内容的基本属性，它具有缺一不可的完整性。……教师的全专业属性论是建立在人文主义和科学主义融合思想基础之上的。它本质上是一种关于人的哲学。具有全专业属性的教师呈现在我们面前的时候，既具有现代科学主义基础的知识逻辑的科学性，又具有人文主义传统基础的人性逻辑的人文性。教师的全专业属性表明，教师既要有科学主义精神，又要有人文主义精神，它是两种精神的结合体，缺失任何一种精神都是不完整的。”② 质而言之，当我们把当代教师专业能力的发展定位在以人为本的全专业属性之下时，一方面，会使得我们对教师专业能力的审视更加着眼于以促进和实现人的全面发展为本位的完整性上；另一方面，也有助于促使教师专业能力的发展更好地实现人文主义的传统精神与科学主义的现代精神的有机融通，进而缔造出当代教师专业能力发展模式的新型态。

① 朱旭东. 教师作为一个专业何以可能？——评顾明远教授的教师教育思想［J］. 教师教育研究，2008，(05)：8，7.

② 朱旭东. 论教师的全专业属性［J］. 教育发展研究，2017，(10)：3-4，6.

后　记

本书系北京社科基金研究基地2016年度一般项目“中国传统教师文化的历史变迁与当代价值研究”（16JDJYB008）的最终研究成果。在此衷心感谢该项目基金对于本课题研究所提供的大力支持！

本书的出版得到了首都师范大学教育学院朱晓宏、蔡春、李惠清、刘畅、彭印等领导和老师的大力支持和帮助，这里致以诚挚的谢意！

本课题研究及本书写作的完成，始终得到了北京师范大学教育学部朱旭东教授的指导、帮助和支持。这里再次对我学术道路上的启蒙恩师朱老师表达最为深切的谢意！

本书的出版离不开河北大学出版社责任编辑王殊宁先生的努力付出和真切帮助，在此表示真挚感谢！能够与颇有君子之风的殊宁先生再度合作，是值得称幸的人生经历。

我的研究生郭金粘同学，为本书的出版事宜，于酷暑之中不辞辛苦，四处奔波劳碌，在此一并表达真诚感谢！

行走在中国教师史的学术探索之旅上，既是艰难的，又是愉悦的。

个中滋味，如人饮水，冷暖自知。

本书的完成，只是这趟旅程中一道风景的闪过。

更美的风景，必定要向更远的前方去追寻。

我将继续前行！

杜钢

2019年10月28日